职业教育财经商贸类专业教学用书

市场营销基础

（第四版）

主　　编　朱红萍
副 主 编　李亮子　彭　茵
编委会成员　沙知行　郑静姝　方明明

华东师范大学出版社
·上海·

图书在版编目(CIP)数据

市场营销基础/朱红萍主编. ——4版. ——上海：
华东师范大学出版社,2023
ISBN 978-7-5760-4625-0

Ⅰ.①市… Ⅱ.①朱… Ⅲ.①市场营销学 Ⅳ.
①F713.50-44

中国国家版本馆 CIP 数据核字(2024)第 019327 号

市场营销基础(第四版)

教育部职业教育与成人教育司推荐教材
职业教育财经商贸类专业教学用书

主　　编	朱红萍
责任编辑	何　晶
责任校对	时东明　劳律嘉
装帧设计	庄玉侠

出版发行	华东师范大学出版社
社　　址	上海市中山北路 3663 号　邮编 200062
网　　址	www.ecnupress.com.cn
电　　话	021-60821666　行政传真 021-62572105
客服电话	021-62865537　门市(邮购)电话 021-62869887
地　　址	上海市中山北路 3663 号华东师范大学校内先锋路口
网　　店	http://hdsdcbs.tmall.com
印 刷 者	上海展强印刷有限公司
开　　本	787 毫米×1092 毫米　1/16
印　　张	11
字　　数	278 千字
版　　次	2024 年 8 月第 1 版
印　　次	2024 年 8 月第 1 次
书　　号	ISBN 978-7-5760-4625-0
定　　价	35.00 元

出版人　王　焰

(如发现本版图书有印订质量问题,请寄回本社客服中心调换或电话 021-62865537 联系)

出版说明（第四版）

CHUBANSHUOMING

本书是"教育部职业教育与成人教育司推荐教材"、职业教育财经商贸类专业教学用书。

该书以贴近学生生活的具体事例来引出各章的知识点，对各知识点的阐述层次清晰、详略有致，目的是使学生从兴趣出发，自动、自发地学习、思考、探究市场营销学这一学科，为将来从事相关工作打下扎实的基础。

具体栏目设计如下：

案例导引　在每章开篇处以经典案例作为引入，引发学生的学习兴趣。

趣味讨论　在相关内容处适当地插入学生感兴趣的小问题。

要点警句　对重要知识点的简单归纳。

课堂练习　学与问的生动结合，学到立即问到。

案例讨论　紧密结合理论的现实案例，可作为课堂讨论，亦可作为课后练习。

本章汇总　对每章教学内容的系统梳理，加深印象。

为了方便老师的教学活动，本书还配套有习题集，涵盖多种题型，包括判断题、单选题、多选题、案例题及课业等，便于学生温故而知新，掌握实践技能。

华东师范大学出版社
2024 年 7 月

前　　言（第四版）

QIANYAN

　　本教材是"教育部职业教育与成人教育司推荐教材"，也可作为在职营销人员岗位培训教材或自学用书。本教材是以市场营销学的理论和实践为依据，结合职业教育的特点编写的。

　　本教材是财经商贸类专业的入门教材，主要内容包括营销绪论、营销环境与营销观念、市场调查与市场预测、STP战略、产品策略、定价策略、渠道策略、促销策略、数字营销、营销战略和营销管理过程。

　　本教材的栏目设计包含以下特点：

　　① 每章卷首有一个"案例导引"，其内容涉及本章的主要理论应用，先由案例破题，再循序渐进地介绍相关知识，容易被学生理解和掌握。

　　② 每节设有"趣味讨论""课堂练习""要点警句"等栏目，进一步突出了重点内容。

　　③ 每章末有"本章汇总"，帮助学生整理思路。

　　教材是为财经商贸类专业学生度身定制的，强调理论联系实际、紧跟形势，强调务实精神和动手能力，使学生真正掌握市场营销学的知识并运用到实践中去。除此以外，本教材在排版上生动活泼、图文并茂，贴近学生。

　　本教材在编写过程中吸收了国内外一些专家、学者、教师的研究成果，在此一并表示谢意。

　　教材第四版在前一版的基础上对内容进行了一定的调整，结合当前行业及市场发展的实际情况，更换了大部分的案例。同时引入了微课对关键知识点进行深入讲解，为教学提供更多的便利。

　　由于编者水平有限，书中不妥和错误之处在所难免，敬请同行、读者批评指正。在此，编者预先表示感谢。

编　者
2024年7月

目 录

MULU

第一章　绪论	1
第一节　市场	3
第二节　市场营销	7
第三节　市场营销学	10

第二章　营销环境与营销观念	15
第一节　微观营销环境	17
第二节　宏观营销环境	19
第三节　营销观念	23
▶ 微课讲解：营销观念的变迁	24

第三章　市场调查与市场预测	27
第一节　市场调查	29
第二节　市场预测	36

第四章　STP战略	43
第一节　市场细分	45
第二节　目标市场	50
▶ 微课讲解：目标市场的选择	51
第三节　市场定位	54

第五章　产品策略	59
第一节　产品和产品组合	61
▶ 微课讲解：产品的五个层次	62
第二节　品牌与包装	64
第三节　产品生命周期	71
第四节　新产品开发	76

第六章　定价策略　83

第一节　影响定价的因素　85
第二节　定价方法　89
第三节　定价策略　93
▶ 微课讲解：心理定价策略　94

第七章　渠道策略　99

第一节　分销渠道概念与类型　101
第二节　中间商　104
▶ 微课讲解：什么是代理商　105
第三节　分销渠道选择与管理　109

第八章　促销策略　117

第一节　促销概述　119
第二节　人员推销策略　123
第三节　广告策略　127
第四节　营业推广策略　131
第五节　公共关系　133
▶ 微课讲解：公共关系与公共关系策略　134

第九章　数字营销　143

第一节　认识数字营销　145
▶ 微课讲解：数字时代的4R营销模式　147
第二节　数字营销技巧及发展趋势　150

第十章　营销战略和营销管理过程　157

第一节　营销战略　159
第二节　营销管理过程　165

第一章 绪 论

【学习目标】

通过本章内容的学习,熟悉和了解市场的基本含义和分类、市场营销的含义和核心概念、市场营销学的内容和发展趋势,掌握市场营销的基本理论,并能运用这些知识分析企业的营销活动。

案例导引

六百岁故宫的营销之路

故宫是世界上现存规模最大的宫殿建筑群。依托于北京故宫博物院深厚的历史底蕴和丰富的藏品,2008年故宫文化创意中心正式成立,故宫淘宝上线,开启了故宫营销的序幕。

2013年5月,故宫博物馆发布APP应用——"胤禛美人图"。手机打开应用,立轴画卷展现,画面可以全屏观赏,还可以用"鉴赏"模式激活一个虚拟的放大镜进行细节观赏,甚至有些画面还带有全3D的物体展示,充分展现了多媒体技术为现代电子出版物带来的特殊阅读体验。之后又陆续发布"每日故宫""故宫展览""清代皇帝服饰""韩熙载夜宴图""紫禁城祥瑞"等APP应用,都蝉联过AppStore精选榜单。

2014年8月,故宫淘宝在发布了公众号文章《雍正:感觉自己萌萌哒》,让之前平均阅读量仅四位数的故宫第一次拥有了十万以上人次的阅读量。推文中,雍正一改严肃庄严的古代皇帝形象,变身"软萌"的卡通人物,动态图配上有趣的文案,十分欢脱可爱,雍正也成为故宫IP的首位代言人。故宫文创相继推出"朝珠"耳机、"奉旨旅行"腰牌卡、"朕就是这样的汉子"折扇等产品,市场反响热烈。

2016年7月,名为"穿越故宫来看你"的一则魔性动态网页H5在朋友圈刷屏。

2017年4月,故宫淘宝官方微博推出《假如故宫进军彩妆界》的文章,为故宫文创产品进入彩妆界埋下伏笔。

2018年热播的某部清代古装剧带火了延禧宫,故宫博物院借势发布了"全景故宫"APP应用,游客可通过手机观看故宫全景,让故宫得到更好的宣传。同年11月《故宫上新了》综艺节目播出。12月故宫博物院文化创意馆发布系列口红合计6款。

故宫通过文创产品营销、APP人设营销、新媒体营销、借势营销、H5营销等营销策略,将传统元素融入现代生活,立足传统,深挖创意,在网红IP的路上越走越远。

● 在"互联网+"的背景下,故宫抓住了转型的良好时机,凭借成功又有创意的网络营销和优质产品为自己谋得新发展,更在博得关注的同时推动了优秀中国传统文化的发扬,为文创产业注入了活力。

● 故宫以顾客需要为出发点,综合利用各种营销战略和策略,对用户画像精准把控,深刻理解"年轻化""流行化"的内核,不断在复杂市场中找到自身的准确定位,将自身打造成潮流大IP,屡屡引爆话题,收获大批粉丝和消费者。

● 成功绝不是偶然,在如今文创产业快速发展之时,同类企业也应汲取成功经验,树立良好的品牌形象,为市场带来优质的文创产品。

本章可以帮助大家了解并掌握市场、市场营销和市场营销学的相应知识。

第一节 市场

一、市场的含义

市场是一个既古老又现代的概念,它有丰富的、多层次的内涵,可以从传统、政治经济学和营销学三个角度去理解和分析。

1. 市场是商品交换的场所

这是一种狭义的、传统的市场概念,比较多地强调市场的空间、地理的含义,只有具备了具体的地点、空间,才会有市场。我国古老的风俗"赶集",就十分形象地说明了这种市场的含义。这种市场实质上就是买者与卖者聚集在一起进行商品交换的地点和场所。

2. 市场是商品交换关系的总和

这是从政治经济学角度研究的一种广义的、反映实质的市场概念。按照马克思的说法,市场包含着全部商品所有者之间错综复杂的交换关系,形成了许多并行发生和彼此连接的商品交换过程,这样就构成了商品流通,市场就是由这一系列交换关系组成的。随着经济的发展,目前市场已不能只用"场所"的定义来涵盖。例如,由于互联网的发展,人们可以进行网上交易,市场已经没有地点、空间的概念了。

3. 市场是消费者的需求

这是从营销学角度研究的具体商品需求总量的概念。由于商品需求是通过购买者来体现的,因而市场是具体产品的现实与潜在的购买者所构成的群体,不是地点、空间的概念,也不是单纯交换关系的概念。如果我们说某产品没有市场,实际上就是指消费者对这种产品没有需求。因此,从营销学角度对市场下定义,市场是愿意并能够通过交换来满足某种需要或欲望的全部顾客。

这一定义可以用公式来表示:

$$市场 = 人口 + 购买力 + 购买欲望$$

> **要点警句**
> 市场三要素是人口、购买力和购买欲望。

市场的三要素是相辅相成、缺一不可的。只有把三者有机地结合起来,才能构成完整的、现实的市场,最终决定市场的规模和容量。

> **趣味讨论**
> 从总体上说,瑞士、中国、美国三个国家,哪个国家市场最大?为什么?

一般而言,人口的多寡与生活必需品的销量密切相关,购买力高低与高价品、奢侈品的销量密切相关,而购买欲望则较多地与消费者的个性相关联。

二、市场的分类

市场有多种分类方法。市场以地区分,可分为亚洲市场、北美市场、南美市场、欧洲市场、非洲市场和大洋洲市场等;市场以规模分,可分为大市场、中市场、小市场;市场以档次分,可分为高档市场、中档市场和低档市场等。本书是专门研究市场营销的,故只从市场营销角度对市场进行分类。

从市场营销角度,根据购买者特点及使用目的的不同,市场可以分为消费者市场和组织者市场。

1. 消费者市场

（1）消费者市场的含义

消费者市场是指个人或家庭为了生活消费而购买商品或服务的市场。例如,家庭经常购买食品、副食品和其他生活用品,就是一种消费者市场。

消费者是企业产品的主要买主,是整个社会经济活动为之服务的最终市场,因此消费者市场是市场营销学研究的重点。

（2）消费者市场的特点

消费者市场与组织者市场相对应,一般有以下几个特点:

① 每次购买产品时数量较少。
② 购买产品的次数频繁。
③ 购买者人数众多。
④ 购买者大多数是产品的外行。
⑤ 购买目的是生活需要。

（3）消费品的分类

按消费者购买习惯和购买特点划分,消费品分为日用品、选购品和特殊品三类,见表1-1。

表1-1 按消费者购买习惯和购买特点分类

名 称	特 点	举 例
日用品	经常需要,随时购买,选择性小,就近购买	牙刷、牙膏
选购品	在购买前经过挑选、比较,愿走较多路购买	皮鞋、大衣
特殊品	价格高,有名气,使用时间较长,愿走更多路购买	名牌钢琴

按使用寿命长短与消费品的可触性划分,消费品分为耐用品、消耗品和劳务三类,见表1-2。

表1-2 按使用寿命长短与消费品的可触性分类

名 称	特 点	举 例
耐用品	使用时间和更换周期较长	彩电、冰箱
消耗品	使用次数少,甚至只使用一次就要更换	信纸、信封
劳务	提供无形产品——服务	理发、摄影

（4）消费者购买行为的参与者

消费者在购买过程中，特别是在购买中高档商品时，可能扮演不同的角色，按其在购买过程中的不同作用，可划分为以下几种：

① 倡议者：首先想到并提议购买某商品的人。
② 影响者：对购买某商品有一定影响的人。
③ 决策者：决定是否买、何时买、何处买、买何品牌的人。
④ 购买者：实际购买具体商品的人。
⑤ 使用者：实际使用产品的人。

例如，某家庭在购买电脑时，倡议者是读书的孩子，影响者是父母的亲戚、同事、朋友，决策者是父母，购买者是父母和孩子，使用者主要是孩子。

在以上五种角色中，营销人员最关心的是决策者。企业的广告宣传、公关活动、人员推销、营业推广活动等应主要针对决策者进行，容易收到事半功倍之效。

（5）消费者的购买决策过程

消费者完整的购买决策过程是以购买为中心，包括购买前和购买后一系列活动在内的复杂行为过程。具体可分为以下五个阶段，如图1-1所示。

确定需要──收集信息──评估选择──决定购买──购后行为

图1-1　消费者的购买决策过程

例如，婷婷快生日了，妈妈想要精心挑选一份既实用又有意义的故宫文创产品作为礼物送给婷婷，因为婷婷在入读小学的那一年与妈妈一起游览过故宫，如今她即将小学毕业，故宫文创意义非凡，这是确定需要；接着妈妈在官方购物平台进行多方比较，同时参考了网友们的评论，这是收集信息；对比了文具套装和围巾套装里的具体产品和用途，这是评估选择；最后决定购买文具套装送给婷婷作为生日礼物，这是决定购买；婷婷将文具套装带到学校使用，吸引了许多同学的目光，婷婷与同学们分享了购买链接，这是购后行为。

（6）消费者的购买行为模式

企业为了扩大销售，要调查、研究消费者的购买行为和规律，这主要集中在五个W和一个H上，见表1-3。

表1-3　消费者的购买行为模式

项　　目	企业研究方向
何人购买（Who）	顾客是谁，主要是哪几种类型的人
为何购买（Why）	消费者的购买动机是什么
何处购买（Where）	应该通过何种渠道销售
何时购买（When）	决定新产品的上市时间和促销时机
购买什么（What）	决定开发何种产品与服务
如何购买（How）	采用何种对策方便顾客购买

以上六个方面,构成了企业对消费者进行调查、研究的核心内容。企业只有对这六个因素综合分析,才能收获良好的营销效果。

2. 组织者市场

组织者市场是由以生产加工、转卖或执行任务为目的而采购产品、劳务的正式组织组成的。组织者市场一般可分为生产者市场、中间商市场和政府市场三种类型。这里主要分析生产者市场及生产者购买行为。

生产者市场是指生产者为了获取利润进行再生产而购买产品的市场。例如,企业为了生产而购买原材料、零配件等,就是一种生产者市场。

生产者市场也有自己的特点,即购买目的是为获取利润进行再生产,购买者人数少且是内行,购买次数少、数量大。

生产者购买行为的参与者,和消费者购买行为的参与者一样,包括提议者、影响者、决策者、购买者和使用者五种。

(1) 生产者购买行为的类型

按照生产者购买行为的难度,一般可分为以下三种:

① 直接重购:在供方、购买对象、购买方式、购买地点等不变的情况下,生产者购买曾经购买过的产品。这种购买行为最简单。

② 修正重购:生产者在适当改变原先所购产品的规格、花色、品种、价格、数量或其他交易条件后再进行购买。这种购买行为稍复杂。

③ 新购:生产者首次购买某种商品或服务,购买前对产品、企业要进行调查论证。这种购买行为最复杂。

(2) 生产者的购买决策过程

生产者购买决策过程,尤以"新购"的决策过程最为复杂,一般由以下几个阶段构成:

① 认识需求:这是购买决策过程的初始阶段,即企业人员认识到要购买某种产品以满足企业的某种需求。

② 确定要求:企业提出需求的种类与特征。

③ 说明需求:企业确定待购买商品的具体规格及性能。

④ 调查和寻找供应商:企业通过工商企业名录或其他商业资料来查找可能的供应商。

⑤ 分析供应商的建议书:企业要求每个可能的供应商提供详细的建议书,并进行分析、挑选。

⑥ 决定选择供应商:企业根据供应商的产品质量、价格、信誉、及时交货能力、技术服务等指标来评价,选择最终的供应商。

⑦ 履行常规的购货手续:企业以订货单的形式向选定的供应商订货。

⑧ 评价购买结果:企业将使用部门和有关部门对供应的商品的意见收集起来,进行全面评价。

课堂练习

从营销学角度看,市场是( )。

A. 购买地点　　　　　　B. 交换关系的总和　　　　　　C. 需求

第二节　市场营销

一、市场营销的含义

市场营销是企业以顾客需要为出发点,综合运用各种战略与策略,把商品和服务整体地销售给顾客,尽可能满足顾客需求,并最终实现企业自身目标的经营活动。

从以上含义可以清楚地看到市场营销包含的三个要点:

① 出发点:顾客需要。
② 手段:各种战略与策略。
③ 目标:满足顾客需求和实现自身目标。

其实,我们经过研究,还可以进一步认识到:

① 从功能特点看,营销不同于推销。推销只是营销的一个部分,而且不是最重要的部分,它只是企业营销人员的职能之一。
② 从经营过程看,营销是包含产前、产中、产后和售前、售中、售后的全过程。
③ 从管理过程看,企业借助于计划、组织、领导、控制职能进行营销活动的管理。
④ 从微观角度看,营销是企业其他各项职能(如:财务、人事、生产等)的核心。
⑤ 从宏观角度看,营销是一种社会经营活动过程,构成社会营销体系,满足全体社会成员各种各样的需要。

> **要点警句**
> 市场营销的目的在于使推销成为多余。

案例讨论

博物馆文创的营销探索

我国文创市场消费人口构成比例中,青年比例不断扩大,受众年龄趋于年轻化,其受教育水平也在不断提升。消费者获取信息的渠道相比以前更加多元,对文化产品的追求日益增强。

当物质需求得到满足后,人们的精神文化需求随之增长。当下,社会流行"古风"热,越来越多的年轻人向往传统艺术文化,乐于购买博物馆文创产品。依托深厚的中国传统文化底蕴,故宫在中国人心中有着特殊的地位。而文创产品可以成为故宫有形资源的主体与无形资源的物质载体,人们购买收藏文创产品就等同于对其文化的欣赏与品鉴。

参观博物馆并购买相关文创产品已成为人们参观纪念的一种习惯。而互联网的高速发展,增加了人们对故宫文创的认知渠道,网店的出现也为文创产品开辟了新销路。

请分析:
1. 故宫文创产品在网店销售,其依据是什么?
2. 根据市场营销包含的三个方面的要点,分析故宫文创的出发点、手段和目标。

二、市场营销的核心概念

1. 需要、欲望和需求

人的需要和欲望是市场营销的出发点和基础。人们的生活离不开衣、食、住、行，因此需要水、食物、衣服、住所等。除此之外，人们对精神生活（如：旅游、娱乐、教育等）有着强烈的欲望。

需要是指人们没有得到某些基本满足的感受状态。人需要食物、衣服、住所、安全、爱情，以及其他一些东西。这些需要不是社会和营销者能够创造的，它们存在于人自身的生理机能和情感条件中。因此，需要是人本身所固有的，它不能被营销者所创造。

欲望是指人们想得到这些基本需要的具体满足物的愿望。一个人需要食物，他就可能有得到一只汉堡包的欲望；需要引人注意，他就可能有得到一件名牌大衣的欲望；需要娱乐，他就可能有去剧院看表演的欲望；需要休闲，他就可能有去逛公园的欲望。

需求是指人们有能力购买，并且愿意购买某个具体商品的欲望。当具有购买能力时，欲望便转化为需求。许多人想要房子，但只有一部分人有能力并愿意购买。因此，企业不仅要估量有多少人想要本企业的商品，更重要的是应该了解有多少人是真正愿意并且有能力购买的。只有在有人愿意而且有能力购买的情况下，才能形成现实的需求。

> **趣味讨论**
>
> 需要和需求有什么不同？请举例说明。

2. 商品交换和交易

营销的目的是实现交换，满足顾客需求。因而企业与顾客的关系首先是一种交换关系。交换是指通过提供某种东西作为回报，从别人那里取得所需物品的行为和过程。交换一般包括五个要素：一是至少有两个或两个以上买卖（或交换）者；二是交换双方都拥有另一方想要的东西或服务（价值）；三是交换双方都有沟通及向另一方运送货品或服务的能力；四是交换双方都拥有自由选择的权利；五是交换双方都觉得值得与对方交易。只有当这五个条件均获得满足，双方都认为自己在交换以后会得到更大的利益时，交换才会真正发生。交换是一个过程，所有的营销活动都服务于这一过程的实现，包括企业的产前活动和售后活动。也就是说，市场营销不仅仅局限于商品交换，某种产品的市场营销活动过程比这种产品的交换过程更长。

从营销实现交换的观点来看，企业与顾客之间的关系也是一种交易关系。交易是指买卖双方等价值的交换，包括货币交易和实物交易。交易是市场营销的度量单位，它与交换是两个不同的概念。交换指的是一个过程，而交易指的是一次性的活动，它随着交换协议的达成而产生。

3. 市场和营销管理

市场的相关知识在前面已经讲述过，在这里就不再探讨。

在市场上从事交易活动需要相当的工作经验和技巧，同时也需要企业内部的相互分工与合作，从而产生协调，而协调就需要管理。营销管理是为了实现各种组织目标，创造、建立和保持与目标市场之间的有益交换和联系而设计方案，并对方案进行分析、计划、执行和控制的管理活动。

企业可以设想一个在目标市场上预期要达到的交易目标,但是,实际的需求水平可能低于、等于或者高于这个预期的需求水平。就是说,这可能是负需求、小需求、大需求,或者超量需求。营销管理就是要针对这些不同的需求状况,进行市场细分、选择目标市场、市场定位等各项决策,然后执行这些营销任务,以实现企业的使命和目标。

4. 4Ps 理论和 4Cs 理论

企业可以控制的开拓市场的因素有很多,最常用的一种分类方法是由美国密歇根大学麦卡锡教授提出的,他把各种营销因素归纳为四大类,即产品(product)、价格(price)、地点(place)和促销(promotion),简称 4Ps。市场营销中所讲的营销组合,也就是这 4 个"P"的适当组合与搭配,它体现了市场营销观念指导下的整体营销思想。虽然市场营销在不断的发展过程中又有人提出了 6Ps、8Ps 和 12Ps,但不管有多少"P",它们都是建立在这 4Ps 基础之上的。

4Ps 实际上是站在销售者的立场上来讲的,这并不完全代表日益挑剔的消费者的思想。美国市场学家罗伯特·劳特伯恩强调营销者应从顾客出发,为顾客提供利益。所以,他提出了与 4Ps 相对应的顾客 4Cs:

① 顾客需要与欲望(customer needs and wants),即商品能否满足消费者的需要。

② 费用(cost),即消费者为获取这一商品要承受多少费用。

③ 便利(convenience),即这种商品是否容易买到,它有多少销售网点,提供什么服务(对顾客而言,便利性属于服务范畴)。

④ 传播(communication),即企业用什么方式同购买者进行信息交流,顾客通过什么途径才能获取关于商品和服务的知识,企业又如何将商品展示给潜在顾客。

不管是 4Ps 还是 4Cs,它们都是市场营销的研究内容,只是立足点不同而已,因此侧重点也不同。本书的研究主要侧重于 4Ps 营销理论。

课堂练习

市场营销是为了( )。
A. 赚钱　　　B. 增加销售　　　C. 满足顾客需求并实现自身目标

案例讨论

策划你的市场营销

本章针对故宫文创营销展开讨论,你在学习了市场营销学理论之后,对市场、市场营销和市场营销学有了更深的认识。

假如你是故宫文创团队的负责人之一,你将如何进一步推进故宫文创的销售经营?

第三节 市场营销学

一、市场营销学学科的研究

1. 从研究对象看

从研究对象看,市场营销学是研究以消费者为中心的、企业全方位的市场营销活动及其发展规律的学科。因此,研究市场营销学,就要站在消费者的立场上研究市场,从消费者的角度规划营销活动,并找出其发展规律。

2. 从学科历史看

从学科历史看,市场营销学是一门年轻的学科。

其一,与其他成熟学科(如:语文、数学等)相比,市场营销学的历史很短,即使与物理、化学等近代学科相比,市场营销学的历史也不长。

其二,与几千年的市场交换活动相比,人类交换活动经历了物物交换、以货币为媒介的简单商品流通和以营利为目的的复杂商品流通等三个阶段,而市场营销是在发达的商品经济时期产生的,比三种交换活动的产生都要晚得多。

以下表1-4从阶段、时间、标志等三个方面揭示了市场营销学的发展过程。

表1-4 市场营销学的发展过程

阶段	形成阶段	应用阶段	变革阶段	成熟创新
时间	19世纪末至20世纪初	20世纪30年代至二战结束前	二战后至20世纪60年代末	20世纪70年代以来
标志	1912年本学科问世	1937年美国市场营销协会成立	转入买方市场	大市场营销

3. 从研究目的看

从研究目的看,研究市场营销学是为了取得最大的经济效益。

经济效益是指企业在经济活动中,投入的劳动耗费、劳动占用和产出的经济成果之间的比例关系。研究市场营销学,就是为了更好地满足消费需求,从而提高企业的经济效益。

如前例所述,海宁皮件公司就是在营销理论的指导下,开展调查研究,了解顾客需求,设计、制造、销售市场急需的大规格钱包,在满足顾客的同时取得了企业的经济效益。

4. 从学科性质看

从学科性质看,市场营销学是一门理论与实践相结合的应用性边缘学科。

学科的应用性是指理论与实践的高度结合,强调应用能力、学以致用。本学科平时注重案例教学,考试强调案例分析,以真正提高学生的实践能力。

学科的边缘性是指几门学科在发展过程中相互交叉,形成了新的学科,如:平面几何与代数交叉,形成了平面解析几何。本学科运用到许多学科的相关知识,如:经营学、管理学、商业经济学、心理学、公共关系学、经济学、财务会计学等。

> **要点警句**
> 市场营销学研究市场营销活动及其发展规律。

本书的篇章结构如图 1-2 所示。

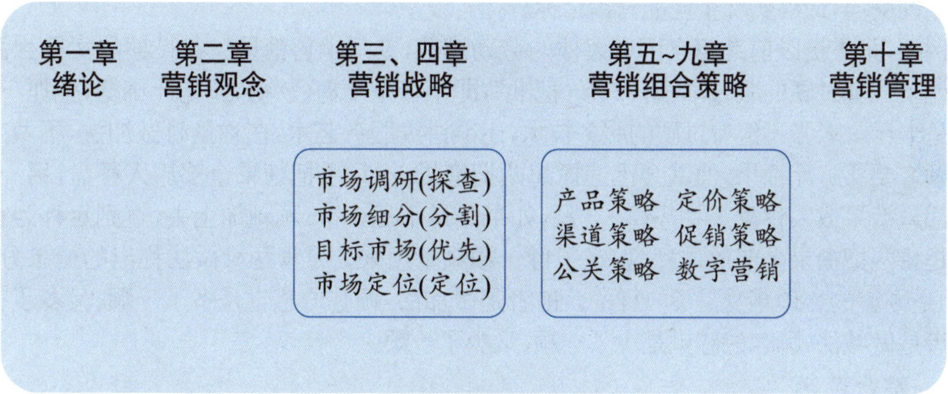

```
第一章        第二章        第三、四章          第五~九章              第十章
绪论          营销观念      营销战略            营销组合策略          营销管理

                          ┌──────────────┐  ┌──────────────────┐
                          │市场调研(探查) │  │产品策略  定价策略│
                          │市场细分(分割) │  │渠道策略  促销策略│
                          │目标市场(优先) │  │公关策略  数字营销│
                          │市场定位(定位) │  └──────────────────┘
                          └──────────────┘
```

图 1-2　本书的篇章结构

二、市场营销学的发展

市场营销学自 20 世纪初问世以来，经过近百年的发展，越来越趋向于成熟，并且发展了不少新的理论。本书主要介绍以下一些理论观点。

1. 大市场营销

大市场营销是指在实行贸易保护的条件下，企业的市场营销战略除了 4Ps 之外，再加上两个 P，即政治权力和公共关系的营销方式。

大市场营销的基本特点是：企业不但要适应环境，而且还要影响环境；企业不但要发现和满足顾客需要，而且还要改造、改变顾客的需要。例如，20 世纪 70 年代，百事公司和可口可乐公司都想进入印度市场，结果百事公司捷足先登。其原因是：百事公司和一个印度集团合作，组成合营企业，避免反跨国公司立法机关的反对，并帮助印度农产品出口，向印度提供食品加工新技术等。为此，百事公司赢得了印度各利益集团的支持。可口可乐公司只运用了 4Ps，而百事公司不但运用了 4Ps，而且增加了权力和公关，所以百事公司在印度获得了成功。

2. 数字营销

数字营销是数字经济时代的产物，是传统的市场营销和网络营销的演变，主要是通过数字传播渠道推广产品和服务的实践活动，是一种更加及时、定制化和节省成本的与消费者进行沟通的方式。主要有社交媒体营销、内容营销、搜索引擎优化、付费点击、联盟营销、电子邮件营销等方式。

> **趣味讨论**
> 你在网上买进或卖出过商品吗？谈谈自己的体会。

3. 服务营销

服务营销是指以满足顾客为目的、以服务为手段的一种营销方式。

在现实经济活动中,服务有两类:产品服务和功能服务。与此相联系的服务营销也有两类:服务产品营销和顾客服务营销。服务产品营销的本质是研究如何促进作为产品的服务的交换;顾客服务营销的本质是研究如何利用服务作为一种营销工具促进有形产品的交换。但是,无论是哪种服务营销,其核心理念都是顾客满意和顾客忠诚,通过顾客满意和顾客忠诚来促进交换,最终实现企业的营销目标。

例如,张秉贵以前是北京百货大楼的劳动模范,专门销售糖果。在长期的卖糖生涯中,他练就了一套过硬的服务本领——"一把准",即不管是硬糖、软糖,还是什锦糖,他抓一把糖果总是半斤。老张不但有过硬的服务技术,还很讲究服务艺术:在称量时做加法,不做减法。如果顾客要买一斤糖果,他就会迅速抓起两把糖果,一只手把糖果全部放入秤盘,另一只手把大部分糖果放入秤盘,手中留2~3颗,如果分量不足,就一颗颗加上去,直到足秤为止,而决不是将两把糖果全部放进秤盘,多了再一颗颗拿出来。尽管两种做法称出的糖果分量相同,但是顾客的心理感受是不一样的。前者是做加法,顾客的感觉是多了一颗、又多了一颗,而后者是做减法,顾客的感觉是少了一颗、又少了一颗。

4. 整合营销

整合营销是一种全面的营销策略,是以顾客为基础,为创造最大顾客价值而整合所有营销要素的一种营销方式。它是营销组合的进一步发展。整合营销比营销组合更强调各个营销要素之间的相互关联,并使其成为有机的整体。

整合营销有三个层次:营销战略整合、营销工具整合和营销沟通整合。其中,营销战略整合是企业战略、营销战略和沟通战略的整合;营销工具整合是产品、定价、渠道、促销的整合;营销沟通整合则是广告、人员推销、营业推广、公共关系的整合。

例如,2023年新春伊始,东阿阿胶与新式茶饮"奈雪的茶"联名共同打造了"阿胶奶茶",双方以"养生"为切入点,积极拥抱目标消费群体,主动融合当代消费场景,将东阿阿胶的特色与消费者在意的养生需求融合,推出了符合年轻人生活方式的新品,并开发出多款可社交、自传播的惊喜玩法,从多个维度输出了整合营销的新解法。

5. 其他营销新理论

除了以上几种营销理论外,还有其他一些营销新理论,如:文化营销、绿色营销和关系营销等。

文化营销是指有意识地通过发现、甄别、培养或创造某种核心价值观念来达成企业经营目标的一种营销方式。例如,麦当劳坚持的"Q、S、C、V",即"品质、服务、卫生、价值"的文化理念,就是文化营销的典范。

绿色营销是指企业在营销过程中充分体现环境意识和社会意识,从设计、生产、销售到使用的全过程中,都有利于环境保护和持续发展的一种营销方式。例如,超市鼓励顾客自带购物袋,旅馆减少一次性用品的供应,这些都是绿色营销的初步体现。

关系营销是指企业在与其相关利益者之间,构筑、发展和维护长期的、有成本效益的交换关系,进而谋求共同发展的一种营销方式。这里的相关利益者是指供应商、顾客、经销商、竞争者、社区和员工,其中最重要的是顾客。关系营销强调关系的长期性,关注保持顾客,高度重视顾客服务、顾客参与、顾客联系。例如在与竞争者关系上,几家小型商店联合起来大批量进货,以降低进货成本;在与顾客关系上,大卖场实行会员制、积分制,设法留住老顾客;等等。这些都是关系营销。

课堂练习

大市场营销是指( )。
A．在大市场中营销 B．在4Ps的基础上增加"政治权利"和"公共关系"
C．花大力气营销

★★★★★ 本章汇总 ★★★★★

一、市场

1. 市场的含义

从营销学的角度理解和分析,市场是愿意并能够通过交换来满足某种需要或欲望的全部顾客。

2. 市场的公式

市场 = 人口 + 购买力 + 购买欲望

3. 市场的分类

（1）消费者市场

① 消费者市场的含义：指个人或家庭为了生活消费而购买商品或服务的市场。

② 消费品的分类 { 按消费者购买习惯和购买特点划分：日用品、选购品、特殊品
按消费品的使用寿命长短与可触性划分：耐用品、消耗品、劳务

③ 特点 { 每次购买产品时数量较少
购买产品的次数频繁
购买者人数众多
购买者大多数是产品的外行
购买目的是生活需要

④ 消费者购买行为的参与者：倡议者、影响者、决策者、购买者、使用者。

⑤ 消费者购买行为模式（五个"W"和一个"H"）：何人购买（Who）、为何购买（Why）、何处购买（Where）、何时购买（When）、购买什么（What）、如何购买（How）。

（2）组织者市场

① 组织者市场类型：生产者市场、中间商市场、政府市场。

② 生产者市场的含义：生产者市场是指生产者为了获取利润进行再生产而购买产品的市场。

③ 生产者购买行为的类型：直接重购、修正重购、新购。

④ 生产者的购买决策过程：认识需求、确定要求、说明需求、调查和寻找供应商、分析供应商的建议书、决定选择供应商、履行常规的购货手续、评价购买结果。

二、市场营销

1. 市场营销的含义

市场营销是企业以顾客需要为出发点,综合运用各种战略与策略,把商品和服务整

体地销售给顾客,尽可能满足顾客需求,并最终实现自身目标的经营活动。

2. 市场营销的核心概念

包括需要、欲望和要求,商品交换和交易,市场和营销管理,4Ps 和 4Cs。

三、市场营销学

1. 市场营销学学科的研究

① 从研究对象看:市场营销学是研究以消费者为中心的、企业全方位的市场营销活动及其发展规律的学科。

② 从学科历史看:市场营销学是一门年轻的学科。

③ 从研究目的看:研究市场营销学是为了取得最大经济效益。

④ 从学科性质看:市场营销学是一门理论与实践相结合的应用性的边缘学科。

2. 市场营销学的发展

① 大市场营销:大市场营销是指在实行贸易保护的条件下,企业的市场营销战略除了 4Ps 之外,再加上两个 P,即政治权力和公共关系的营销方式。

② 数字营销:主要通过数字传播渠道推广产品和服务。

③ 服务营销:指以满足顾客为目的、以服务为手段的一种营销方式。

④ 整合营销:指以顾客为基础,为创造最大顾客价值而整合所有营销要素的一种营销方式。

⑤ 其他营销新理论:文化营销、绿色营销和关系营销等。

第二章 营销环境与营销观念

【学习目标】

通过本章内容的学习,能够熟悉和了解企业的市场营销环境,理解营销环境对营销观念及企业营销活动的影响,掌握微观、宏观环境知识,特别是市场营销观念的具体内容,并能运用所学知识对企业营销活动进行分析。

案例导引

淄博烧烤的发展之路

四方食事，不过一碗人间烟火。数据显示，烧烤是现下年轻人夜间餐饮消费的最热门品类之一，72.4%的消费者的夜间餐饮会选择烧烤。烧烤，既可以在装饰精美的餐厅里被享用，也可以出现在街头巷尾的小摊餐桌上。与其他特色美食相比，它不仅是一种美食，更代表着一种街头文化，具有较强的社交属性。

其实，淄博烧烤的出圈，依靠的是多年的文化沉淀。

从该案例可以引出：
- 市场营销受环境变化的影响。
- 企业必须深刻认识和分析市场的各种环境因素，充分利用这些因素的变化来创造营销机会，从而立足市场。

本章可以帮助大家了解、掌握微观、宏观营销环境和营销观念等知识。

第一节　微观营销环境

任何企业的营销活动都是在一定的动态环境中进行的,决不可能脱离环境。因此,正确地分析市场营销环境,是企业开展营销管理活动的基础工作。市场营销环境是指一切影响、制约企业营销活动最普遍的因素,可分为微观营销环境和宏观营销环境两部分。

微观营销环境是指直接影响和制约企业营销活动的条件和因素,如:企业本身、供应商、营销中间商、最终顾客、竞争者和社会公众等。

供应商——企业——营销中间商——最终顾客,这一个链条构成了企业的核心营销系统。一家企业的成功,还受到另外两个群体的影响,即竞争者和公众。如图2-1所示。

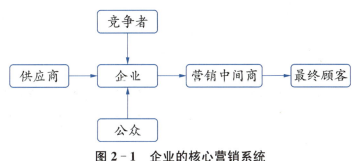

图2-1　企业的核心营销系统

一、企业

1. 最高管理层

企业的最高管理层由董事会、董事长、总经理及其他办事机构组成。企业最高管理层是最高的领导核心,负责制定企业的使命、目标和战略;营销者只能在高层管理者规定的范围内做出各项决策,并且只有得到上层的批准,才能付诸实施。

2. 与营销相关的其他职能部门

如今,企业财务、采购、制造、研究与开发、仓储等部门,都会对企业的营销能力造成直接影响。例如,新产品的设计开发,离不开研发部门;生产所需原材料的提供,离不开采购部门。

二、供应商

供应商是指向企业及其竞争对手供应各种所需资源的企业、个人或其他组织。包括提供原材料、设备、能源、劳务等。供应商所提供资源的数量、质量、价格等,会直接影响到企业生产和市场的稳定性。企业加强与供应商的联系,就能获得比竞争对手更多的原料或产品。

例如,一般的商家为了打开产品销路,会用扩大市场份额的方法来拓宽营销渠道和网络,这样就需要投入大量的资金,而可口可乐公司则将销售的权限授予自己的包装供应商,即授权给瓶装商,这样可口可乐公司借助瓶装商的力量迅速建立起营销渠道和网络,将可口可乐的产品销售到千家万户。

三、营销中间商

营销中间商是指为企业营销活动提供各种服务的企业或部门的总称，包括中间商、辅助商等。

中间商指产品从生产者手中传到消费者手中所要经过的中间企业或个人。具体说，中间商就是指批发商、零售商、代理商或经纪人。

辅助商指运输公司、仓储公司，还有为企业营销提供服务的咨询公司、广告公司，为企业融通资金的银行、信贷公司，或为企业提供风险保障的保险公司等。

四、最终顾客

最终顾客是指企业产品或服务的购买者，是企业营销活动的对象。最终顾客可以是消费者个人或家庭等直接消费者，可以是生产企业，可以是为了获取利润而转卖的中间商，还可以是政府机构、社会集团或其他非营利性的组织。

> **要点警句**
>
> 微观环境中最重要的因素是最终顾客。最终顾客中最重要的因素是直接消费者。

企业市场营销活动的成败，最终的关键在于顾客能否接受企业的产品。因此，企业应针对各类最终顾客的特点来运用适宜的营销策略。

> **趣味讨论**
>
> 企业有哪些最终顾客？他们是怎样影响企业经营活动的？请举例说明。

五、竞争者

竞争者是指在市场竞争中同行业、不同行业潜在的、现实的竞争的总和。企业的竞争者不仅包括同行企业，甚至包括一些行业外的企业，他们通过生产替代品也可能参与竞争。企业的营销活动是在竞争者的包围和制约下进行的。为此，企业应关注市场发展趋势，及时掌握竞争者的动向。

六、公众

公众是企业营销活动中与企业发生关系的各种群体的总称。企业公众的内涵相当广泛，主要有以下六种：

① 企业内部公众：指企业内部的所有干部和一般员工。
② 金融公众：包括银行、投资公司、证券经纪商等。他们可以影响企业融资能力。
③ 媒介公众：包括电视、电台、报纸、杂志、互联网等大众传播媒体。
④ 政府公众：包括税务局、财政局、工商局和物价局等。
⑤ 公民行动团体：包括各种消费者权益保护组织、环保组织等。
⑥ 企业所在地的居民群众、地方官员、社会组织等。

企业与公众关系处理得好与坏,对企业的市场营销活动会产生直接或间接的影响。

课堂练习

直接影响和制约企业营销活动的条件和因素被称为(　　　)。
A. 市场营销环境　　　　B. 微观营销环境　　　　C. 宏观营销环境

第二节　宏观营销环境

宏观营销环境是指间接影响和制约企业营销活动的条件和因素。它是指某一国家、某一地区所有企业都面临的环境因素,包括人口、政治法律、经济、自然、科技和社会文化等各个方面。

> **要点警句**
> 宏观环境是企业市场营销活动不可忽视的因素,一定要认真研究。

一、人口环境

人口环境是指人口的规模、密度、地理分布、年龄结构、性别结构、家庭结构、民族结构、职业结构,以及其他相关情况。人口的数量决定消费者的数量,消费者数量的多少又在一定程度上决定市场容量的大小。因此,人口环境对营销者而言是很重要的。

1. 总人口

总人口是指某市场范围内人口的总和。某一市场范围内的总人口基本上反映了该消费市场生活必需品的需要量。在其他经济和心理条件不变的情况下,总人口越多,市场容量就越大。

2. 年龄结构

不同年龄的消费者对商品的需求不一样。近年来,全世界的人口逐步趋向老龄化。以上海为例,截至 2022 年底,上海市 60 岁以上户籍老年人口 553.66 万人,占户籍总人口的 36.8%。预计到 2030 年,户籍老年人口将占上海人口总数的 40%。这样,保健医疗产品、休闲娱乐产品、银发旅游服务产品等市场将会兴旺起来。

3. 性别结构

人口的性别结构与市场需求密切相关。反映到市场上,就会出现男性和女性用品市场,如:我国市场上,女性较多购买化妆品、衣服、杂货等日用品,男性则较多购买大件物品,如汽车。

4. 家庭结构

家庭是购买、消费的基本单位。单位的数量直接影响到某些产品的需求数量。进入 20 世纪 90 年代中期,世界普遍呈现家庭规模缩小的趋势。家庭数量的增加必然引起住房、成套家具、厨房用品等市场的迅速增长。

5. 民族结构

民族不同,其生活习性、文化传统也不相同。因此应重视民族文化,开发适合民族特性、受欢迎的商品。例如,华人不管身处何地,都要过中国传统的节日,爱吃中国传统的食品。

6. 其他因素

其他因素(如:出生率、职业、宗教等)也会对消费行为产生很大影响。

例如,穆斯林(伊斯兰教徒)有不少游牧民族,一天中数次向麦加方向朝拜。一位比利时商人为此设计制造了指南针地毯,指针始终指向麦加。有了它,穆斯林不管走到哪,都能快速辨认出麦加方向朝拜。这位聪明的商人在几个月内卖掉了数万条地毯。

> **趣味讨论**
>
> 人口因素对企业营销有哪些影响?表现在哪些方面?举例说明。

二、政治法律环境

政治法律环境主要是指国家的政治变动引起的经济势态的变化,以及政府通过法律手段和各种经济政策对社会经济生活的干预等。它往往是市场营销必须遵循的准则。一般分为政治环境和法律环境两部分。

1. 政治环境

政治环境是指企业营销活动的外部政治形势和状况,以及国家方针政策的变化对市场营销活动带来的或可能带来的影响。它一般可分为国内政治环境和国际政治环境两部分。

(1) 国内政治环境

国内政治环境一般是指各个国家在不同时期,根据不同需要颁布的各项方针、政策等。国家的方针、政策通过规定、条例、决定、命令等形式体现。企业要认真进行研究,随时了解和研究各个不同阶段的各项具体方针和政策及其变化的趋势,并领会其要领。

例如,我国在产业政策方面制定的《国务院关于当前产业政策要点的决定》,明确提出了当前生产领域、基本建设领域、对外贸易领域各主要生产的发展序列,对企业研究经济环境、调整自身的营销目标和产品构成提供了依据。

(2) 国际政治环境

国际政治环境一般分为政治权利和政治冲突两部分。企业在向境外开拓市场时,首先要了解政治权利对企业营销的影响。政治权利指一国政府通过正式手段,对外来企业的权利予以约束,包括进口限制、税收政策、外汇管制、价格管制等内容。

例如,我国自2018年首次举办中国国际进口博览会以来,进博会已成为全球经贸后重要平台,促进了贸易投资自由化便利化。

国际政治环境的另一方面是政治冲突,包括战争、暴力事件、绑架、恐怖活动等。

例如,当前全球面临的不确定性和挑战多,地缘冲突加剧,贸易保护主义抬头,严重影响了世界经济的复苏和发展。

2. 法律环境

法律环境是指国家主管部门及省、自治区、直辖市颁布的各项法规、法令、条例等。例如,我国近年来对药品、保健品行业进行整顿,出台新的药品审查制度,禁止地方标准药品在媒体发布广告等。对企业来说,法律就好比篮球场的边线,企业开展营销活动就好比打篮球,不能超越边界去打球,越出这个边界就"犯规"了。法律是评判企业营销活动的准则,只有依法进行各种营销活动,才能受到国家法律的有效保护,否则会受到法律制裁。

总之,在营销活动中,尤其是在国际营销活动中,一定要熟悉某个国家或地区有关的法律法规,这方面的因素对企业的营销活动有深刻的影响。

三、经济环境

经济环境指企业营销活动所面临的外部社会条件,一般包括经济形势、消费者收入、消费结构等。

1. 经济形势

企业的市场营销活动受到经济形势的影响。近年来,我国政府为了刺激消费、扩大内需、促进经济增长,采取了一系列措施:国庆、春节放长假,除了元旦、劳动节外,又增加清明、端午、中秋为国定假日;提高粮食的收购价格、取消农业税,降低农民的负担;规定最低工资标准,增加离休、退休人员的收入;等等。这些措施为企业发展提供了良好的经济环境。

2. 消费者收入

消费者的购买力取决于消费者的收入,但消费者并不是将全部收入都用来购买商品的,因此有必要将消费者个人收入区分为个人可支配收入和可任意支配收入。

个人可支配收入是在个人收入中扣除税款(如:所得税等)和非税性负担(如:工会会费、交通罚款等)后所剩余额,它是个人收入中可以用于消费支出或储蓄的部分,构成了消费者的实际购买力。

可任意支配收入是指个人可支配收入减去维持生活所必需的支出(如:房租、粮食等)和其他固定支出(如:分期付款、学费等)后所剩余的部分。这部分收入是消费需求变化中最活跃的经济因素。这部分收入越多,人们的消费水平就越高,企业营销的机会也就越多。

3. 消费结构

消费者收入的变化直接影响消费者支出的模式及消费结构的变化。一些经济学家用恩格尔系数来反映这种变化。恩格尔系数是指消费中用于食物方面支出占家庭总支出的比重。其计算公式为:

$$恩格尔系数 = 食物支出 / 全部支出 \times 100\%$$

食物开支占总消费量比重越大,恩格尔系数越高,生活水平就越低,反之亦然。恩格尔系数是衡量一个国家、地区、城市、家庭生活水平高低的重要参数。

除此之外,企业的营销活动还受消费者储蓄和信贷情况的影响。例如,有调查显示,商品的客单价越高,用户尝试应用分期免息工具的意愿越强烈。消费金融成为很多企业的营销工具。

四、自然环境

自然环境是指影响企业生产和营销的物质因素,如:矿产资源、森林资源、土地资源、水利资源等。自然环境对企业营销的影响表现在以下四个方面:

① 日益逼近的某些原料短缺,如:石油、煤等矿产资源。
② 能源成本的增加,如:开发新的替代资源,使用太阳能、核能。

③ 环境污染严重,如:空气、水源、土壤的污染等。
④ 政府对自然环境管理方面有力的干预,如:循环经济、坚持可持续发展策略等。

五、科技环境

科学技术是企业将自然资源转化为符合人们需要的物品的基本手段,是第一生产力。技术的进步对市场营销的影响是巨大的,每一种新技术的运用,都会给一些行业或企业带来新的市场机会,同时也会给另一些行业或企业造成威胁,轻者受到冲击,重者惨遭淘汰。所以,西方有人把科学技术称为"创造性的破坏力"。

例如,智能手机抢占了大部分功能手机的市场,新能源汽车的市场渗透率也越来越高。

六、社会文化环境

社会文化环境主要是指一个国家、地区或民族的文化传统,包括一定的态度和看法、价值观念、宗教信仰、生活方式及世代相传的风俗习惯等。这些因素也会影响人们的消费观念或购买行为,从而影响企业的市场营销活动。

例如,美国一家公司在日本市场推销某产品时,用的鼓励性口号是曾经风靡美国市场的"做你想做的",但没有达到预期的效果,颇感意外。后经调查得知,日本文化和美国文化在价值观上有很大差异,大多数日本人并不喜欢标新立异、突出个性,而是非常强调克己、规矩。于是,这家公司将口号更改为"做你应该做的",市场反应转好。口号虽仅一词之差,但引发的思考却耐人寻味。

不同的宗教有自己独特的节日风俗,因此对商品也有不同的使用要求和禁忌。营销人员不仅要了解不同地区人们的宗教信仰,还要了解他们的禁忌,以免出错。

在中国的风俗习惯中,除夕、端午、中秋、重阳等是非常重要的节日,这些节日往往是人们购物的高峰期,也是企业开展促销活动的最佳时机。

文化不仅会因国情而不同,也会随着时代潮流而稍有变化和发展。企业在营销活动中必须了解和深入研究不同的文化形式,努力去适应不同的社会文化环境。

课堂练习

一般来说,恩格尔系数高,说明该地区(　　)。
A. 富裕　　　　　B. 贫穷　　　　　C. 中等

案例讨论

新东方转型经营:入局文旅市场

2023年2月,东方甄选在云南丽江首次通过"东方甄选看世界"直播推介文旅产品,引发了大批粉丝预订丽江旅游团的热潮,云南旅行团和酒店客房的销售额超过了5 000万元。随后的几个月,东方甄选正式开启了"旅游直播、文化讲解、特产带货"三者合一的独特模式。

5月20日,在"东方甄选山西行"的直播带货中,集团高层化身非遗大使、金牌导游,带领大家寻访"舌尖上的非遗",游悬空寺,不仅频频登上热搜,还把山西直接捧成了"新晋网红"。当天直播间观看人次超过2400万,100多种山西特产几乎全部售罄,带货销售额达1.3亿元,订单超过130万单。其中,山西老陈醋在一天内的销量就超过了10万桶。

7月5日,东方甄选开启甘肃专场直播活动,从兰州出发沿丝绸之路河西走廊游览了武威、张掖、嘉峪关、酒泉共计5市21个景区和文化场馆,并在直播间上线"甘青全景大环线"跟团游产品,让甘肃文旅吸粉无数。

7月19日,新东方注资10亿成立新东方文旅有限公司。目前新东方文旅已在陕西、甘肃、浙江、四川、新疆等地设立分公司。

从新东方文旅推出的首批旅游产品看,选品侧重于中老年群体钟爱的文化类产品和体验型路线,市场定位偏向于中高档品类,展现其致力于为中老年群体提供有文化幸福感、有知识获得感、有个人追求感的高品质服务方向。首发的"东坡精神溯源之旅"当天成交量近500单。这些产品具备如下特征:原创优质文化线路、独特沉浸式体验、文旅讲师深度解说、文旅顾问贴心伴游。

综上,通过整合政商界资源和专注线路设计等核心优势,积极拓展合作渠道,提供独特的产品和服务,完全可以将挑战转化为机遇,在扬长避短、取长补短中赢得主动。

请分析:
1. 新东方的微观、宏观营销环境因素有哪些?
2. 新东方的营销环境发生了哪些变化?
3. 新东方文旅想要取得成功,需特别重视哪些营销环境因素的影响?

第三节　营销观念

一、营销观念的概念

营销观念是企业开展经营活动的指导思想。任何企业的营销管理都是在特定的指导思想或观念指导下进行的。指导思想的正确与否,对企业的兴衰成败具有决定性意义。

二、营销环境与营销观念的关系

每一种市场营销观念总是在一定的历史条件下形成的,并随着环境的变化而变化。因此,营销环境决定营销观念,营销观念又反作用于营销环境。

营销观念没有固定不变的内容。同一企业,在不同时期,其营销观念也往往会有所不同;同一时期,不同企业的营销观念也往往各具风采。

> **要点警句**
> 以变应变,即随着营销环境的变化而决定营销观念。

三、营销观念的发展

1. 生产观念

生产观念是一种最古老的、指导企业经营时间最长的观念,于19世纪末20世纪初盛行于西方。当时,在初期资本主义阶段,市场需求旺盛,而物资极度缺乏,企业认为只要把产品生产出来,消费者就一定会购买任何让他们买得到也买得起的产品。因此,企业的任务就是集中一切力量提高生产效率、增加产量、降低成本,从而获取高额利润。显然,生产观念就是企业的一切经营活动以生产为中心,其经营思想表现为"我们生产什么,顾客就买什么",是一种重生产、轻市场的观念。

微课讲解
营销观念的变迁

例如,美国皮尔斯堡面粉公司从1869年创立到1930年的60多年间,由于产品供不应求,因此,这家公司着重发展生产,只求货物充沛、价格低廉,当时其口号是"本公司旨在制造面粉"。

又如,福特汽车公司从1914年开始生产的T型汽车,在生产观念的指导下,采取大规模生产、降低成本的策略,使更多人能买得起汽车。到1921年,福特T型汽车在美国汽车市场上的占有率达到56%,当时其口号是"我们只生产黑色汽车"。

2. 产品观念

产品观念是一种与生产观念类似的经营思想。这种观念认为,企业应致力于生产消费者喜欢的高质量、多功能和具有某些特色的产品,并应不断对产品加以改进和提高。

持产品观念的企业认为,只要产品好,就不愁没有消费者购买,因而常迷恋于自己的产品中而不太关注产品在市场是否受欢迎,总以为技术最佳的产品就是最好的产品。产品观念是一种重产品质量而轻顾客需求的营销观念。

例如,一位办公用具公司经理认为他们的文件柜一定畅销,因为即使将文件柜从楼上摔下去也不会坏,但其销路却恰恰不畅,问题就在于没有一个顾客会为了把文件柜摔下楼而去购买它。

3. 推销观念

推销观念产生于20世纪20年代末,结束于20世纪40年代末,尤其在1929年至1933年资本主义世界经济危机期间盛行。它是在生产过剩、供过于求、卖方市场向买方市场转化时期产生的一种营销观念。

推销观念认为,消费者一般不会购买非必需的商品,但若企业采取适当的措施,消费者可能会购买更多的商品。企业的任务就是积极推销和大力促销,以扩大销售,获取高额利润。其经营思想表现为"我们能卖什么,顾客就买什么"。推销观念强调了产品的销售环节,但没有真正从满足消费者需要的角度考虑。

例如,1930年左右,皮尔斯堡面粉公司发现,有些推销其产品的中间商开始从其他厂家进货。公司为了寻求可靠的中间商、扩大销售,逐步从生产观念转向推销观念,将公司的口号改为"本公司旨在推销面粉",同时派出大量的推销员,从事推销业务。

又如,20世纪30年代美国的汽车销售,当时汽车供过于求,每当顾客一走进商店,推销员就笑脸相迎,热情接待,主动介绍各种汽车的质量、性能、特色等,以求达到销售目的。

4. 市场营销观念

市场营销观念是一种以消费者的需要为中心的营销观念,其经营思想具体表现为"消费者需要什么,企业就生产什么"。

这一观念产生于20世纪50年代以后。当时社会生产力迅速发展,市场趋势表现为供过于求的买方市场,企业之间竞争非常激烈,同时消费者的文化生活水平迅速提高,需求向多样化发展并且频繁变化。许多企业开始认识到,必须转变经营观念,才能求得生存和发展。于是,以消费者为中心的市场营销观念随之形成。市场营销观念强调企业的一切活动都应围绕满足消费者的需要来进行,即以人们的需要为出发点来设计产品。

例如,皮尔斯堡面粉公司发现,二战后美国人的生活方式发生了重大变化,即由过去以自制食品为主转变为以购买制成品或半成品为主,比如以买饼干、面包、蛋糕等来代替买面粉回家自己做,于是该公司便着手生产各种制成食品和半成食品,结果销量大增。

又如,海尔公司推出的"小小神童"迷你洗衣机,使消费者可以将小到一双袜子,大到1.5千克的各种衣物随时洗涤,成功地填补了机洗和手洗市场之间的空白,一上市即销售火爆。

市场营销观念取代传统观念,是企业经营思想上一次深刻的变革。新旧观念的区别见表2-1。

表2-1 市场营销新旧观念区别

	起 点	方 法	终 点
旧观念	从企业产品出发	推销与宣传	从销售中获得利润
新观念	从顾客需要出发	整体营销活动	从顾客满足中获得利润

趣味讨论

本节中三次提到了皮尔斯堡面粉公司,请你谈谈:该公司有哪些营销观念?表现在什么地方?为什么不同时期该公司会有不同的营销观念?

5. 社会营销观念

社会营销观念产生于20世纪70年代。市场营销的发展,一方面给社会及广大消费者带来了巨大的利益,另一方面却造成了环境污染,破坏了生态平衡。例如,消费者使用汽车,在获得快捷、舒适的同时,也被迫接受了汽车排出的废气和噪声的污染;清洁剂满足了人们的清洗需要,却污染了水域,不利于鱼虾生长;有些美味食品满足了人们的口腹之欲,却因脂肪含量太高,有碍身体健康。这一切引起了消费者的不满,并掀起了消费者权益保护运动及生态平衡保护运动,迫使企业在营销活动过程中不但要满足消费者的要求和欲望,而且要保护和提高消费者和社会的长远利益。它要求企业在营销活动中,把企业、消费者和社会这三方面的利益有机地结合起来。

社会营销观念是对市场营销观念的完善。它突破了生产—销售的领域,而对人类的社会活动及未来的发展给予关注。

例如,数字经济发展的不平衡会导致经济和社会不平等现象加剧。要想将数字世界覆盖到每个人、每个角落,就必须消除数字鸿沟。(数字鸿沟是指在全球数字化进程中,不同国家、行业、企业、社区之间,由于对信息、网络技术的拥有程度、应用程度以及创新能力的差别而造成的信息落后及贫富进一步两极分化的趋势。)例如,为了构建覆盖更广泛、获取更便捷、使用更简单的连接,惠及全球更多的地区与人口,华为不断进行技术创新,降低数字世界的接入门槛,让身处偏远地区、极端环境以及其他接入受限地区的人、家庭和组织都能够更平等地获得数字资源,享受更好的数字体验。

课堂练习

一家企业的营销观念由(　　)决定。
A．个人思想觉悟　　　B．外界环境状况　　　C．个人素质高低

★★★★★ 本章汇总 ★★★★★

一、微观营销环境

① 微观营销环境的含义:指直接影响和制约企业营销活动的条件和因素。
② 微观营销环境的影响因素:企业、供应商、营销中间商、最终顾客、竞争者、公众。

二、宏观营销环境

① 宏观营销环境的含义:指间接影响和制约企业营销活动的条件和因素,它指某一国家、地区所有企业都面临的环境因素。
② 宏观营销环境的内容:人口环境、政治法律环境、经济环境、自然环境、科技环境、社会文化环境。

三、营销观念

① 营销观念的含义:指企业开展经营活动的指导思想。
② 营销环境与营销观念的关系。
③ 营销观念的发展:生产观念、产品观念、推销观念、市场营销观念、社会营销观念。

第三章　市场调查与市场预测

【学习目标】

通过本章内容的学习,能够熟悉和了解市场调查和预测对企业营销活动的影响,掌握市场调查和预测的概念、方法,并能运用所学理论对调查预测等问题进行分析。

案例导引

中国 Z 世代饮料消费调查

据国家统计局数据,中国 Z 世代(是指出生于 1995 年至 2009 年的人群)人群超 2.6 亿人。据预测,到 2035 年,中国 Z 世代整体消费规模将增长至 16 万亿元。

在饮料消费市场上,Z 世代的崛起成为一股重要力量。他们独特的消费选择、消费习惯和消费方式成为表达自我个性、倾诉情感和凸显价值的载体。2022 年 1 月至 2 月,上海市消保委联合元气森林、景博数据开展了一项 Z 世代饮料消费调查,通过对沪上百名 Z 世代饮料消费者深度访谈和调查数据梳理分析,洞察 Z 世代饮料消费特征和消费生态。受访对象身份兼顾上班族及学生群体,其中男女比例 4∶6,8 成以上受访者年龄为 20 至 25 岁。

据调查和访谈梳理总结以下结果:
- 随时随地形成场景化消费,超半数被调查者一周购买三次及以上饮料;
- 新奇口味层出不穷,Z 世代重视健康养生首选"0 糖"饮品;
- 超半数 Z 世代被调查者首选国货品牌饮品,购买受多重因素影响。

从该案例可以引出:
- 开展经营活动需要市场调查,并且还需要作出进一步的预测。
- 如何进行正确的市场调查和预测?

本章可以帮助大家了解、掌握市场调查和市场预测等相应的知识。

第一节 市场调查

一、市场调查的含义

市场调查,就是对与企业营销活动有关的市场信息运用科学方法系统地收集、记录、整理和分析的过程。它包括信息资料的收集和信息资料的分析两部分。前者指收集与企业营销活动有关的各种资料,如:国家的政策、法令、市场需求、竞争对手状况、本企业各种策略运用的市场反应情况等;后者指对所收集的信息资料运用科学的方法进行分析,并推断未来市场的发展趋势。

市场调查的两部分内容是不可分割的。资料的收集是市场分析预测的基础,资料的分析是市场调查的进一步深化;没有分析,便无预测,那么市场的调查也就失去了其应有的意义。

二、市场调查的作用

1. 市场调查是企业做出正确决策的前提

现代营销是一个由周密严谨的决策和科学合理的计划相结合的过程,市场调查的数据和资料为企业的营销活动提供了准确可靠的依据和参考。如果企业不能完整、准确而迅速地掌握产品或服务在市场上的优劣势、市场竞争状况等,就不能知己知彼;如果对消费者的人口特征、购买行为与动机、习惯等知之甚少,就不能确定目标市场,营销目标也就成了空中楼阁,没有实现的可能。

例如,新加坡地处热带,常年处于阳光直射之下,房屋朝向无所谓南北,因此大多数新加坡人在购房时不会关注朝向。中国的改革开放吸引了许多外商纷至沓来。新加坡的投资者们也在这时将目光转向了这里,他们选择了当时新兴的房地产行业,但由于没有经过实际的市场调查与研究,建造房屋时照搬了新加坡的房型设计,朝南的房间设计成厨房、卫生间,而把客厅、卧室放在北侧,结果在市场上惨遭失败。

实践证明,市场调查对企业营销活动的每一个环节都有参考价值,营销活动中所采取的种种计划和策略都离不开对产品、消费者和竞争态势的深入了解。由此可见,市场调查是企业正确决策的前提。

2. 市场调查是预测未来的基础

市场调查的重点虽然是眼下的客观实际情况,但它的最终目的是立足现在,把握未来。调查人员将现有的市场情况和之前的历史资料搜集齐备后,运用科学的分析方法,能对未来的情况做出一个相对准确的预测,从而为企业的营销计划提供可靠的行动指南。在现代营销活动中,要想立足于不败之地,就必须有大胆而准确的前瞻意识。

3. 市场调查有助于提高企业的经营实力和效益

企业的经济效益决定了企业的兴衰存亡,因此它是企业最关心的问题。通过市场调查,可以帮助企业了解营销策划的适应性情况,可以及时地发现问题、弥补失误,从而制定正确的市场营销策略,使企业在市场竞争中提高其综合竞争能力,获取更好的经济效益。

> **要点警句**
> 市场调查是市场预测、决策的基础。

三、市场调查的内容

1. 市场需求的调查

市场需求的调查是市场调查的核心,通常表现为对购买力、市场容量、变化趋势等方面的调查。对于企业而言,其调查的重点在于以下两个方面:

① 本行业市场潜量,即本行业在某个市场上可能达到的最大销售量。这与居民的购买力有很大关系。

② 本企业销售潜量,即本企业的某种产品在市场上可能达到的最大销售量。这与企业的市场占有率有一定关系。

2. 消费市场的调查

消费市场的调查是市场营销调查最常见的内容,调查的目的是了解和熟悉消费者,以便满足顾客需求。主要调查以下几方面内容:

① 消费者的人文情况,包括人口数量、结构、文化背景等。
② 消费者的收入情况,包括收入总量、支出总量和结构等。
③ 商品的拥有率,包括购买周期、购买频率、购买金额等。
④ 消费者的购买行为,包括为何购买、何时购买、何处购买、谁去购买、如何购买等。

3. 竞争对手的调查

这主要是调查对手的数量及实力,包括对手产品的价格策略、销售渠道、促销方式,以及产品质量、性能等情况。

4. 其他调查

另外,还有产品价格调查、市场占有率调查和消费效果调查等。

四、市场调查的程序

市场调查分为三个阶段共八个主要步骤,具体见表3-1。

表3-1 市场调整的程序

预备调查阶段	正式调查阶段	结果处理阶段
① 初步分析情况 ② 确定调查主题	① 决定资料来源 ② 设计调查问卷 ③ 拟订调查方案 ④ 现场实地调查	① 整理分析资料 ② 撰写调查报告

1. 预备调查阶段

调研的主要目的是通过搜集与分析资料,研究并解决企业在市场营销中所存在的问题,针对问题寻求正确可行的措施。因此,营销调查首先必须确定要解决的问题以及调查范围。

比如,某企业近几个月销售量大幅下降,究竟是用户对产品质量不满意,售后服务不好,还是市场不景气,或竞争者又有新产品投入了市场呢?为了确定问题所在,通常先进行初步情况分析,以确定调查的主题。

(1) 初步情况分析

调查人员搜集企业内部的有关资料,进行初步分析。通过对资料的初步分析和对企业过去与现在情况的比较,调查人员可以掌握有关情况,探索问题所在。

(2) 确定调查主题

调查人员经过初步分析和初步调研(查),将问题减少或缩小范围,以便于确定调查的主题。

2. 正式调查阶段

(1) 决定资料来源

在确定调查的主题以后,就要决定搜集资料的来源与方法。调查搜集的资料一般分为原始资料(也称第一手资料)和现成资料(也称第二手资料)两种。原始资料是通过亲自观察、访问、实验的方法取得的;现成资料是经别人收集、整理且已发表的资料,比如企业历年的销售额、利润额等。

一般来讲,调查人员总是先收集现成资料,因为它能比较迅速、方便地获取,而原始资料的收集成本较高,需要花费的时间和精力也较多。但当现成资料不能满足营销决策的需要时,调查人员必须收集原始资料,进行实地调查。

(2) 设计调查问卷

调查方法决定以后,就需要准备有关的调查问卷了。设计问卷是一项重要的工作,调查人员必须充分了解要搜集资料的实质。由于调查方法、调查内容不同,使用的调查问卷也不尽相同。另外,调查问卷的题目形式可以多种多样,主要有判断题、选择题、问答题等。

(3) 拟订调查方案

调查方案的内容主要包括以下几个方面:

① 明确调查对象,即明确调查的基本单位,如:学校、医院或个人、群体等。
② 确定调查方法。
③ 安排调查时间。
④ 组建调查队伍。
⑤ 编制经费预算。

(4) 现场实地调查

根据事先拟订的调查方案和设计的调查表格进行实际调查工作。同时,调查者的工作能力和水平直接影响着调查结果,为此,必须做好调查人员的挑选和培训工作。

3. 结果处理阶段

(1) 整理分析资料

调查所获的资料并非每一份都是真实无误的,必须加以核对整理。对有严重错误而又无法补正的资料,宁可剔除不用。经过审核,调查资料合乎要求后,应进行编号、分类、汇总等工序,对资料进行各种定性、定量分析后,输出有价值的各种信息。

(2) 撰写调查报告

对资料进行整理分析后,应得出调查结论,提出相应的建议,并将调查情况、调查结论和建议写成书面报告,提供给有关人员,作为市场预测和决策的依据。除了标题和目录之外,调查报告一般包括三部分内容:一是序言,主要说明调查的目的、调查的过程、调查的对象和采用的方法及其他要说明的问题。二是调查报告主体,即根据调查资料提出问题,分析情况,得出结论,提出建议。文字说明要简练准确,突出重点。三是附件,主要是提供本报告中引用过的主要数据资料,必要时可附上图表,形象地说明调查结果。

五、设计调查问卷

调查问卷的设计并无一定的格式和规则,它是根据常识和经验来设计的。调查方法不同或选择问题的类型不同,问卷的内容设计也不尽相同。

1. 调查问卷的基本结构

调查问卷的结构一般包含标题、问卷说明、调查主体内容及附录等。

(1) 标题

概括性地说明调研的主题,使被调研者对所要回答的问题有一个大致的了解。确定的标题应简明、扼要、准确、醒目,易于引起被调研者的兴趣。

(2) 问卷说明

问卷说明通常又称为指导语,一般放在标题之后。在问候后,表明主持调查的机构及访问员的身份,旨在向被调研者说明调研的目的、意义,提示答题方法、答题所需要时间,必要时说明访问结果将如何处理。问卷说明是调研者与被调研者沟通的桥梁,因而,写好问卷说明是问卷调研取得成功的保证之一。

(3) 调研主体内容

这是调查者所要了解的基本内容,也是问卷中最重要的主体部分。一般包含以下内容:

① 被调查者基本情况。这是指被调查者的一些主要特征,如在消费者调查中,消费者的性别、年龄、民族、家庭人口、婚姻状况、文化程度、职业、单位、收入、所在地区等。

② 调查内容的具体项目。这是调查者所要了解的基本内容,也是调查问卷中最重要的部分。

③ 编码。大多数调查问卷需加以编号,以便分类归档,或便于计算机处理和统计分析。

④ 作业证明的记载。问卷的最后应附上调查人员的姓名、访问日期、时间等。如有必要还可写上被调研者的姓名、单位或家庭住址、电话等,以便于审核和进一步追踪调研,但要做好个人隐私的保护工作。

(4) 附录

附录一般记录被调查者的意见、建议,或是记录调查情况,也可以是感谢语及其他补充说明。

> **趣味讨论**
>
> 在调查问卷中除了最主要的具体项目,为什么要有被调查者的基本情况呢?

2. 调查问卷的提问方式

(1) 判断题

这类题型要求被调查者在事先拟订的两个答案中选择一个答案。

如:你家有无空调?　　　　有□　　　　无□

这是一种最简单的问题类型。其优点是能得到明确的答案,有利于资料的整理;其缺点是不能表明意见的差别程度。

(2) 选择题（单选或多选）

这类题型要求被调查者在事先拟订的两个或两个以上的答案中选择一个或数个。

如：请问您选购空调时主要考虑的因素是什么？

冷暖两用☐　　　　　经久耐用☐　　　　　价格低廉☐
节省电力☐　　　　　注重品牌☐　　　　　服务周到☐

这种题型的优点是避免了判断题强制选择的缺点，并且简单明了，易于统计。需注意，备选答案不宜过多。

(3) 自由问答题

这类题型属于开放式问题，一般提出问题而不列备选答案，让被调查者根据自己的想法对所提问题自由回答而不给予任何限制。

如：您认为夏普空调的质量如何？还存在哪些不足？

这种题型的优点是能够收集到事先估计不到的资料和建设性的意见；其缺点是答案太多，给整理和分析资料带来一定的困难。

(4) 顺位题

这类题也称排序题，是指根据所给出的若干备选答案，由被调查者依据程度的不同来选定先后顺序。

如：您喜欢哪种品牌的电视机？请按喜欢程度从1～5排出顺序。

松下☐　　　长虹☐　　　康佳☐　　　三星☐　　　索尼☐

这种题型的优点是简单明了，便于统计。需注意，备选答案不宜过多，否则会使被调查者因不了解而乱填。

3. 设计调查问卷应注意的问题

(1) 主题要明确，忌面面俱到

调查问卷中所提问题，必须紧紧围绕调查的主题，不要列入无关紧要的问题，以免影响调查的结果。

(2) 提问要合理有序，先易后难

一般说来，同类型的或者成套的问题可以排在一起，简单的问题放在前面，复杂的问题和被调查者较难以回答的问题放在后面。

(3) 要易于回答，用词通俗易懂

调查问卷开头的问题尤其要注意，要能提高被调查者的兴趣。

(4) 要避免一般性和笼统性的提问

如：您对某商品的印象如何？

这个问题就是一种难以回答的一般性问题，被调查者不知你想了解哪一方面的印象，是质量方面的，外观式样方面的，价格方面的，还是售后服务方面的。

应该这样问：您对某商品的售后服务印象如何？

(5) 要避免使用"通常""一般"等模棱两可的词语

如：您经常喜欢穿什么衣服？

这样的问题很难回答，不知这个"经常"是指春、夏、秋、冬哪一季，或者是别的什么时候。

应该这样问：您在冬天时通常喜欢穿什么衣服？

(6) 避免引导性问题

如：许多顾客对某洗衣机反应良好，您的看法如何？

这种提问方式就有诱导别人做出"好"的回答的意思。设计的提问中带有明显偏向一方的意思,是忌讳的。

(7) 要注意提问的艺术性,避免枯燥乏味

需注意被调查者回答问题的心理或社会影响,如果不得不涉及一些可能令人窘迫的问题,则须采取迂回的方法提问,切忌直接提出,同时,还应注意语句自然、亲切。

(8) 内容尽量压缩在一页纸内

内容要压缩,提问尽量在一页纸内。除此之外,还应注意避免使用刺激性语言。

六、市场调查的方法

进行市场调查,必须采取科学合理的调查方法,这样才能收到事半功倍的效果。市场调查方法很多:按调查方式不同,可分为观察法、询问法和实验法;按调查范围不同,可以分为全面调查、重点调查、典型调查和抽样调查。

1. 按调查方式分

(1) 观察法

观察法是指通过调查者进行直接观察,在被调查者不察觉的情况下观察和记录他(她)的行为方式。其特点是调查结果比较客观,但调查的面较窄,花费时间较长。一般常用的观察法有:行为记录法、"引君入瓮"法等。

① 行为记录法是在被调查者同意的前提下,用某种装置记录被调查者的行为。

② "引君入瓮"法主要用来调查职工对消费者的服务态度、服务质量和所属企业的营销状况,如:上级部门派人到企业以顾客身份购买商品,有意识地观察营业员的服务情况,了解基层的营销工作,以便总结经验,把市场营销做得更好。

(2) 询问法

询问法是由调查人员根据事先准备好的调查问题,拟好调查表格,向被调查者逐项询问,或让被调查者填写,以获取所需资料的方法。常用的询问法有面谈法、电话法、邮寄法等。

① 面谈法:调查者与被调查者面对面地交谈,让其回答指定的问题,以达到调查的目的。它可以是个别询问,也可以是小组座谈;可以是事先设计好调查表进行提问,也可以是自由交谈。其优点是可以问较多的问题,有利于问题的深入了解;缺点是花费的时间、精力较多。

② 电话法:由调查人员对所选择的调查对象通过电话进行询问。其优点是节省费用;缺点是难度较高,在国内一般很难对陌生人进行电话询问,因而只能对熟悉的人开展工作。

③ 邮寄法:将设计好的调查表寄给被调查者,请被调查者自行填好并寄回。其优点是费用低,调查范围广;缺点是回收率较低,被调查者不愿花费太多的时间和精力回答问题,更不愿寄回调查表。

随着网络时代的发展,还可进行网上询问调查。

(3) 实验法

实验法是通过小规模的实验来了解商品及其发展前途的一种信息资料收集方法。比如,企业需要了解消费者对新商品的意见、要求和评价,以及与其他同类商品的区别,就可选择一部分消费者进行试用、试穿或试吃。日本有一家三叶咖啡馆,为了扩大销售,曾做过这样一个实验,用红色、棕色、黄色和青色四种不同颜色的杯子分别装入浓度相同的等量咖啡,

请消费者试喝,结果有 90% 以上的人认为红色杯子里的咖啡很浓,棕色杯子里的咖啡较浓,黄色杯子的咖啡浓淡适中,而青色杯子的咖啡则太淡。据此,该店老板就决定用红色杯子来盛咖啡,结果咖啡馆的生意红火。

实验法的优点是比较科学,获得的资料比较准确、可靠,具有一定的说服力;缺点是实验时间长、成本高,较之于询问法和观察法来说,实行起来难度较大。

2. 按调查范围分

(1) 全面调查

这是指对企业商品销售的所有市场或用户进行调查。其优点是取得资料比较全面,准确性和可靠性强;缺点是工作量大,调查费用高,时间长。

(2) 重点调查

这是指在被调查对象中选择一部分重点单位进行的调查。其优点是能在较短时间内,用较少的费用取得所需资料;缺点是只适用于调查被调查对象中客观存在的重点情况。

(3) 典型调查

这是指在被调查对象中有意识地选出一些具有代表性的单位进行调查。其优点是工作量小,调查费用低;缺点是调查效果的好坏,受所选典型是否具有代表性的影响很大。

(4) 抽样调查

这是指按一定的方法从总体中抽取一部分单位(样本)进行调查,用所得的样本数据推断总体情况的调查。在市场调查中,采用抽样调查法最为普遍。它以最快的速度、最节省的费用获得较准确的市场调查资料,供企业经营决策之用。抽样调查法有随机抽样和非随机抽样两类。

七、SWOT 分析

1. SWOT 分析的含义

SWOT 分析是把企业外部环境分析和企业内部分析的内容进行综合,进而分析组织的优势、劣势、面临的机会和威胁的一种分析方法。由于优势、劣势、机会和威胁四个英文单词的第一个字母分别为 S、W、O、T,故称为 SWOT 分析,具体如图 3-1 所示。

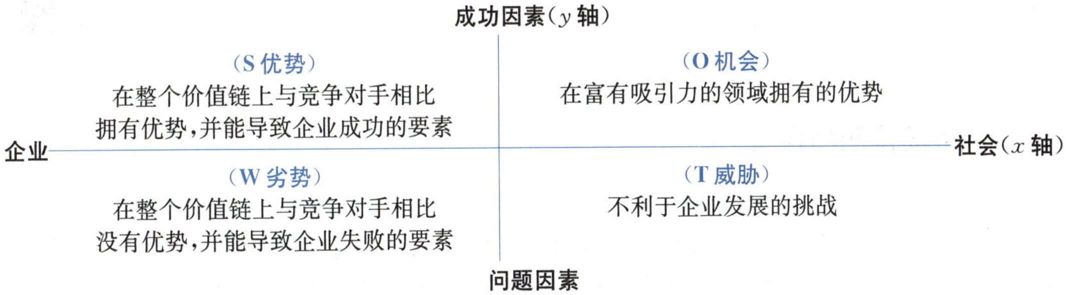

```
                    成功因素(y 轴)
         (S 优势)              (O 机会)
    在整个价值链上与竞争对手相比    在富有吸引力的领域拥有的优势
    拥有优势,并能导致企业成功的要素
企业 ─────────────────────────────────── 社会(x 轴)
         (W 劣势)              (T 威胁)
    在整个价值链上与竞争对手相比    不利于企业发展的挑战
    没有优势,并能导致企业失败的要素
                    问题因素
```

图 3-1 SWOT 分析示意图

2. SWOT 分析的要点

① 纵轴左边,是企业内部的因素,包括优势和劣势。外部因素不要在此写入,如:顾客喜欢公司产品。

② 纵轴右边,只写对企业有影响的外部社会的因素,包括机会和威胁。企业内部的因素

不要在此写入。

③ 横轴上方,只写对企业发展有帮助的成功因素。

④ 横轴下方,只写对企业发展不利的因素。

3. SWOT 分析示例

以安徽鸿润羽绒制品公司进入上海市场的 SWOT 分析为例,具体分析过程如图 3-2 所示。

```
                        成功因素(y 轴)
          (S 优势)                    (O 机会)
        ① 产品质量好                 ① 人们生活水平的提高
        ② 有外贸为基础               ② 人们要求回归自然
        ③ 具有资金优势               ③ 没有过硬的羽绒被品牌
        ④ 运输条件佳                 ④ 上海是个大市场
企业 ——————————————————————————————————— 社会(x 轴)
          (W 劣势)                    (T 威胁)
        ① 缺乏内销经验               ① 类似产品的竞争
        ② 品牌不响亮                 ② 商场的要价提高
        ③ 渠道不畅通                 ③ 同行已占领了相关市场
        ④ 羽绒被是季节产品           ④ 上海市场较难进入
                        问题因素
```

图 3-2 SWOT 分析示例

课堂练习

市场调查的核心是(　　)。

A. 市场需求的调查　　　B. 供应商的调查　　　C. 竞争对手的调查

第二节　市场预测

一、市场预测的含义

市场预测就是在调查研究的基础上,运用科学方法对市场需求变化进行分析、测算,并预见其发展趋势的过程。如:一位服装经销商要制定明年的服装销售计划,他就要预测明年服装的流行色彩、流行款式及需求量。市场预测是企业做出正确决策的前提条件之一。预测是对未来不确定的事件进行的推测,所以,预测绝不可能百分之百准确。

二、市场预测的内容

第一,预测市场对产品需求量的变化趋势。

第二,预测本企业产品市场销售量和市场占有率的状况及发展趋势。

第三,预测市场对产品品种、花色、规格、价格的需求变化的趋势。
第四,预测本企业产品生命周期。

三、市场预测的种类

1. 按预测时间分

可将市场预测分为长期预测和短期预测。长期预测一般指一年以上的预测。短期预测一般指一年以内或以周、月、季为时间单位的预测。

2. 按预测范围分

可将市场预测分为宏观预测和微观预测。宏观预测是指对影响市场发展变化的整体因素的预测。微观预测是指对影响企业经营的因素的预测。

3. 按预测性质分

可将市场预测分为定性预测和定量预测。定性预测是指依靠预测人员的经验和主观判断能力进行的预测。定量预测是指依靠应用数学模型计算进行的预测。

> **趣味讨论 1**
>
> 定性预测好,还是定量预测好?为什么?

4. 按市场预测的对象分

可将市场预测分为群体预测和个体预测。

四、市场预测的方法

市场预测的方法很多,这里主要从定性预测、定量预测两个方面介绍几种简单、常用的预测方法。

> **要点警句**
>
> 要把定性预测和定量预测结合起来。

1. 定性预测

这是指根据熟悉市场情况及历史状况人员的判断、分析来进行预测。主要有销售者意见法、经理意见法和专家调查法。

(1) 销售者意见法

这是指将销售者对市场前景的预测意见汇集起来,加以分析、评价,以做出预测的方法。如:某公司的三名销售人员凭借自己的经验,对某商品下个季度的销售量提出自己的意见,分别为 650 件、600 件、780 件,则三名销售人员的预测平均值为 $(650+600+780)/3 \approx 677$(件)。这 677 件即为下季度销售量的预测值。

(2) 经理意见法

在上述方法中,只要将销售人员替换成经理,则为经理意见法,故此方法不再赘述。

(3) 专家调查法

这是指向有经验的专家征询未来市场需求情况而做出预测的方法。具体做法是先由企业向被选定的专家提供背景材料,然后请专家根据自己的知识和经验,对预测的项目提出意见,并说明依据和理由。企业将各位专家的意见收集、归纳、整理后,在匿名的条件下,反馈给他们,由专家考虑对自己的意见是否做些许修正。经过反复征询,直到专家的意见基本趋向稳定为止。然后,将专家的最后一次预测按从小到大顺序排列,取中位数作为预测值。中位数即为中位项所对应的数值。

$$中位项 = (项数 + 1)/2$$

例如,有 9 位预测者预测的数据(从小到大排列)为:100,101,106,110,111,114,117,119,123。一共有 9 项,即项数为 9。则:中位项=(9+1)/2=5。那么,第五项所对应的值 111 即为中位数,也就是预测值。

又如,在上例中若有 10 位预测者,第 10 项预测值为 127,那么,中位项=(10+1)/2=5.5。111、114 分别是中间两项,即第五项和第六项,这两项数字最能代表十个预测者的意见。则:预测值=(111+114)/2=112.5。

2. 定量预测

这是指预测者在已有大量数据、资料的基础上,通过建立一定的数学模型,对未来市场进行预测的方法。主要有市场需求量预测法、季节比重法和直线趋势法。

(1) 市场需求量预测法

市场需求量预测法用公式表示为:

$$Q = n \cdot q \cdot p$$

式中:Q 为预测值;

n 为消费者数量;

q 为平均每人每年购买量;

p 为产品单价。

例:假定每年有一亿消费者购买唱片,平均每人每年购买量为 5 张,每张唱片平均单价为 5 元,则市场总需求量是多少?

解:
$$Q = 1 \times 5 \times 5 = 25(亿)$$

(2) 季节比重法

季节比重法是根据历年各季节的资料来测定出反映季节变动规律的季节比重,并利用季节比重进行近期预测的一种预测法。

其计算过程如下:

① 计算历年各季、各年合计数和总合计数。

② 计算各季的比重数。计算公式为:

$$各季的比重数 = 历年各季的合计数 \div 总合计数$$

③ 计算预测期各季的预测值。计算公式为:

$$各季的预测值 = 各季比重数 \times 预测期的总预测值$$

例:某网店 20×1 年到 20×5 年各季销售额见表 3-2(单位:万元),且预测 20×6 年全年销售额比 20×5 年下降 7%,求:

① 各季度比重(保留两位小数)。

② 20×6 年各季度销售额应是多少(保留两位小数)?

表 3-2 某网店 20×1—20×5 年各季销售额

年 份	第一季度	第二季度	第三季度	第四季度
20×1 年	1 540	1 490	1 530	1 620
20×2 年	1 620	1 650	1 620	1 710
20×3 年	1 740	1 710	1 680	1 740
20×4 年	1 690	1 580	1 490	1 520
20×5 年	1 500	1 520	1 490	1 580

解：第一步，求历年各季度、各年合计数和总合计数。
第一季度合计：1 540＋1 620＋1 740＋1 690＋1 500＝8 090(万元)
第二季度合计：1 490＋1 650＋1 710＋1 580＋1 520＝7 950(万元)
第三季度合计：1 530＋1 620＋1 680＋1 490＋1 490＝7 810(万元)
第四季度合计：1 620＋1 710＋1 740＋1 520＋1 580＝8 170(万元)
20×1 年合计：1 540＋1 490＋1 530＋1 620＝6 180(万元)
20×2 年合计：1 620＋1 650＋1 620＋1 710＝6 600(万元)
20×3 年合计：1 740＋1 710＋1 680＋1 740＝6 870(万元)
20×4 年合计：1 690＋1 580＋1 490＋1 520＝6 280(万元)
20×5 年合计：1 500＋1 520＋1 490＋1 580＝6 090(万元)
总合计数：6 180＋6 600＋6 870＋6 280＋6 090＝32 020(万元)

趣味讨论 2

在计算了各季度销售额合计数后，为什么还要计算各年度销售额合计数？两个数据有什么关系？

第二步，计算各季度比重值。
第一季度比重：8 090÷32 020×100%≈25.27%
第二季度比重：7 950÷32 020×100%≈24.83%
第三季度比重：7 810÷32 020×100%≈24.39%
第四季度比重：8 170÷32 020×100%≈25.52%
但是，25.27%＋24.83%＋24.39%＋25.52%＝100.01%，加总后与100.00%有差异，可在第四季度的比重值25.52%增或减，使各比例之和为100.00%。因此，将第四季度比重调整为25.51%。
第三步，预测 20×6 年各季度销售额。
首先，计算 20×6 年百货产品销售额预测值，按题意得：
20×6 年预测值：6 090×(1－7%)＝5 663.7(万元)
其次，预测各季销售额：
20×6 年第一季度预测值：25.27%×5 663.7≈1 431.22(万元)
20×6 年第二季度预测值：24.83%×5 663.7≈1 406.30(万元)
20×6 年第三季度预测值：24.39%×5 663.7≈1 381.38(万元)
20×6 年第四季度预测值：25.51%×5 663.7≈1 444.81(万元)

(3) 直线趋势法

直线趋势法是根据预测目标的历史时间数列所提示的变动趋势外推到未来,以确定预测值的预测法。其具体做法是用直线方程进行预测。

直线方程:

$$y = a + bt$$

式中:y 为预测值;
t 为时间序数;
a、b 为参数。

参数的计算公式为:

$$a = \sum y/n$$

$$b = \sum ty / \sum t^2$$

式中:n 为期数。

其计算过程如下。

① 画计算表,确定 t 值。

如期数为奇数,则选中间一项,t 值为零,两侧各加 1 或减 1;如期数为偶数,则选中间两项,t 值分别为 -1、$+1$,两侧各加 2 或减 2。中间序数以上为负值,以下为正值,且每期之间的间隔相等。

② 计算表格值。

按照参数计算公式要求,填写或算出计算表中各栏的内容,并算出表 3-4 中 t,y,t^2,ty 的合计数。

③ 求参数 a、b,建立直线方程。

④ 计算预测期的预测值。

例:某商场近年来销售额逐年增长,20×1 年到 20×7 年销售额见表 3-3(单位:万元),采用直线趋势法预测 20×8 年的销售额(保留两位小数)。

表 3-3 20×1—20×7 年商场销售额

年 份	20×1 年	20×2 年	20×3 年	20×4 年	20×5 年	20×6 年	20×7 年
销售额	43.7	46.9	50.3	53.2	57.0	60.1	63.8

解:

表 3-4 采用直线趋势去预测销售额的计算表

年 份	t	y	t^2	ty
20×1 年	-3	43.7	9	-131.1
20×2 年	-2	46.9	4	-93.8
20×3 年	-1	50.3	1	-50.3

续 表

年 份	t	y	t^2	ty
20×4 年	0	53.2	0	0
20×5 年	1	57.0	1	57.0
20×6 年	2	60.1	4	120.2
20×7 年	3	63.8	9	191.4
合计（$n=7$）	0	375	28	93.4

$$a = \sum y/n = 375/7 \approx 53.57$$

$$b = \sum ty/\sum t^2 = 93.4/28 \approx 3.34$$

$$y = a + bt = 53.57 + 3.34t$$

因为 20×7 年的 t 值为 3，是奇数，且每期间隔为 1，因此 20×8 年的 t 值为 4，则：

$$y = 53.57 + 3.34 \times 4 = 66.93(万元)$$

课堂练习

按预测性质分，市场预测可分为（　　）。
A．宏观预测和微观预测　　B．长期预测和短期预测　　C．定性预测和定量预测

★★★★★ 本章汇总 ★★★★★

一、市场调查

1. 市场调查的含义

市场调查是对与企业营销活动有关的市场信息运用科学方法系统地收集、记录、整理和分析的过程。

2. 市场调查的作用

市场调查是企业正确决策的前提，是预测未来的基础，有助于提高企业的经营实力和效益。

3. 市场调查的内容

市场调查包括市场需求的调查、消费市场的调查、竞争对手的调查。

4. 市场调查的程序

市场调查分为预备调查阶段、正式调查阶段、结果处理阶段。

5. 设计调查问卷

设计调查问卷时应确定问卷包含的内容、提问方式的选择，并注意一些问题。

6. 市场调查的方法

① 按调查方式分:观察法、询问法、实验法。

② 按调查范围分:全面调查、重点调查、典型调查、抽样调查。

7. SWOT 分析的含义、图示、要点、实例

二、市场预测

1. 市场预测的含义

市场预测就是在调查研究的基础上,运用科学方法对市场需求变化进行分析、测算,并预见其发展趋势的过程。

2. 市场预测的内容

市场预测包括市场需求的预测,销售量、市场占有率等的预测,产品品种、价格等的预测,产品生命周期的预测。

3. 市场预测的种类

① 按时间分:长期和短期。

② 按范围分:宏观和微观。

③ 按性质分:定性和定量。

④ 按对象分:群体和个体。

4. 市场预测的方法

① 定性预测:销售者意见法、经理意见法、专家调查法。

② 定量预测:市场需求量预测法、季节比重法、直线趋势法。

第四章　STP战略

【学习目标】

通过本章内容的学习,能够熟悉和了解市场细分、目标市场、市场定位的含义,掌握市场细分的标准、目标市场选择的影响因素、市场定位的程序,并能运用市场细分的方法,确定目标市场和制定市场定位的策略。

案例导引

海尔集团市场定位发展战略

海尔集团创立于1984年,以全球领先的美好生活和数字化转型解决方案服务商为集团发展目标。海尔作为实体经济的代表,持续聚焦实业,布局智慧住居和产业互联网两大主赛道,建设高端品牌、场景品牌与生态品牌,以科技创新为全球用户定制智慧生活,助推企业实现数字化转型,助力经济社会高质量发展、可持续发展。将"人的价值最大化"这一理念贯穿海尔发展六个战略阶段。

第一阶段:1984—1991年,名牌战略——"高质量的产品是高素质的人干出来";
第二阶段:1991—1998年,多元化战略——"盘活资产先盘活人";
第三阶段:1998—2005年,国际化战略——"出口创牌倒逼人才国际化";
第四阶段:2005—2012年,全球化品牌战略——"世界是我的人力资源部";
第五阶段:2012—2019年,网络化战略——"从出产品的企业到出创客的平台";
第六阶段:2019—至今,生态品牌战略——"创客生增值,增值生创客"。

从这个案例可以引出:
- 企业如何进行市场定位?
- 海尔集团是如何结合市场的变化,做出相应的市场定位战略调整的?

本章可以帮助大家了解、掌握市场细分、目标市场、市场定位等相应的知识。

第一节 市场细分

STP 战略又称目标市场战略,包括市场细分(segmenting)、目标市场(targeting)和市场定位(positioning)三个部分,取三个英文单词的首字母,简称为 STP 战略。

一、市场细分的含义

市场细分是 STP 战略中的第一步。市场细分就是企业从消费者的需求差异出发,把一个大市场划分为若干相似小市场的过程。

市场细分是从消费者需求的异质性理论引出的。市场可分为同质市场和异质市场。同质市场是指消费者对某种商品的需求和对企业市场营销策略的反应具有较大程度的一致性。例如,人们对生活用水的需求没有大的差异,而且也不太可能对生活用水有所挑选。异质市场是指消费者对某种商品的需求和对企业市场营销策略的反应各不相同。例如,人们对服装的需求就大不相同,对服装企业营销策略的反应也大相径庭。市场细分就是针对异质市场而言的。

> **趣味讨论**
> 我国的饮食文化中,共有几大主要菜系?其划分依据是什么?

二、市场细分的意义

1. 有利于发掘最佳市场机会

通过市场细分,企业可以寻找到目前市场上的空白点,即了解现有市场上有哪些消费需求还未得到满足。如果企业能够满足这些消费需求,则以此作为企业的目标市场,这就是市场机会。例如,宝洁公司根据受头屑困扰人群的特点,推出了海飞丝洗发水,抓住了一个很好的市场机会。

2. 有利于上市产品适销对路

通过市场细分,企业不仅可以发现消费者尚未得到满足的需求,还可以掌握消费需求的发展趋势,以此来生产符合市场需求的产品,使企业取得更好的经济效益。例如,某工具公司专门为左撇子消费者生产左撇子工具,就做到了商品适销对路。

3. 有利于制定营销策略

在全球企业日趋大型化的时代,仍然有众多的中小企业得以生存和发展,原因就在于这些中小企业通过细分市场抓住了大企业所留下的市场空隙,在发挥自己灵活性的同时,根据自己有限的资源条件,实施其营销策略。

例如,有人把钢笔市场细分为普通用笔市场和特细写字笔市场,考虑到财务、统计人员普遍爱用特细笔,就专门开发、经营了"财会专用笔",抓住了市场机会。

三、市场细分的标准

市场细分的依据是客观存在的需求差异性,究竟按哪些标准进行细分,没有固定不变的模式。根据一般规律,影响消费者市场需求的因素可归纳为四大类:地理、人口、心理和行为,见表4-1。

表4-1 影响消费者市场需求的四大因素

细分标准	具 体 内 容
地理因素	地区、城市农村、地形和气候、交通运输条件
人口因素	年龄和生活阶段、性别、收入
心理因素	个性、生活方式、社会阶层
行为因素	市场反应、追求利益、购买时机、使用者状况、忠诚程度

1. 地理因素

按地理因素细分市场是指企业根据市场所在的地理位置、地形、气候等因素来细分市场。

(1) 地区

① 国界。按照国界和所处地理位置可分为亚洲、非洲、欧洲、北美洲、南美洲、大洋洲等市场,各洲又有不同的国家。由于地理位置和经济发展的不同,消费者需求有很大差异。例如,中国的家用电器要想进入欧美市场,就要符合欧美的电器标准,以满足当地消费者需求。

② 行政区域。中国按照行政区域和所处地理位置可分为东北、华北、华东、华南、西南、西北等市场,每个大区又有若干个省份。由于地理位置的原因,消费者需求有很大差异。

(2) 城市农村

按此标准通常分为大城市、中小城市、乡镇和农村等市场。由于居住环境不同,消费者需求也不同。一般城里人讲求新潮,农村人讲求实惠。

(3) 地形、气候

按此标准通常可分为山区、平原,或热带、温带等市场。由于地形、气候不同,消费者也有不同的需求。例如,在四季如春的昆明,好多人购买羽绒服的需求较少。

(4) 交通运输

按此标准通常可分为交通发达、较发达、欠发达、不发达等市场,在不同的交通运输条件下,人们的需求也会随之改变。例如,在交通不发达地区,人们一次购买日常商品的数量往往比交通发达地区要多得多。交通运输因素,对于细分有时间性和保质期要求的产品市场特别重要。

2. 人口因素

按人口因素细分市场是指企业根据人口调查统计的内容来细分市场。人口因素比其他因素更具有可衡量性,它一直是细分市场的重要依据。

(1) 年龄和生活阶段

按年龄一般可分为婴儿、儿童、少年、青年、中年和老年等市场。按生活阶段可分为未婚、新婚、有学龄前子女、有学龄子女、空巢和鳏寡单身市场。年轻人,尤其是未婚男女,买衣服讲究流行、时髦,对品质要求高;上班族买衣服偏向端庄、得体,并注重与自己的职业身份相符;银发族买衣服注重保暖、耐穿、质感好。未婚人士购买个人用品居多;已婚人士购买家庭用品居多。

当然,年龄不是绝对的,像一些三十多岁的女性也会喜欢购买适合20~30岁年龄层的商品,而一些三十多岁的男性也会喜欢购买乐高玩具、手办一类的非实用性商品。因此,经营者在市场细分时不能只关注生理年龄。

(2) 性别

按此标准可分为男性、女性市场。在服饰、化妆品上,男女的消费需求差别很大。女性多用香水,男性则多用古龙水。当然,也有些人在穿着方面性别感不强,走中性路线。因此,现在服饰的性别差异也正在缩小,这就要求经营者在市场细分时既注意男女性别特点,又注意"中性风"的服装潮流。另外,在通信、数码等产品上,性别特点也逐渐显现,例如,手机市场出现了更符合女性审美特点背板颜色的手机,电脑市场也出现了小巧、轻便的女性专用笔记本电脑。

(3) 收入

按此标准一般可分为高档、中档、低档市场,并且还可以进一步细分,尤其是在奢侈品和高档生活用品上更是明显。例如,在本世纪初期,上海较高收入者主要在淮海路购物,中等收入者往往在南京路购物,而工薪阶层则更多地在四川北路购物。如今,在大城市里,工薪阶层主要乘坐公交车、地铁上下班,中等收入者以新能源汽车或中小型燃油车代步,而高收入者则可能乘坐高档品牌的轿跑出行。值得注意的是,有些高收入者吃穿用度十分节俭,而某些中等收入者则偶尔也会购买高档服装,充当门面。

3. 心理因素

按心理因素细分市场是指企业根据消费者的心理特点来细分市场。

(1) 个性

个性是一个人经常表现出来的比较稳定的本质的心理特征,消费者的个性是指消费者在消费时所表现的气质、能力和性格等方面的个性特点。例如,SK-Ⅱ化妆品以成熟、自信的现代女性为诉求对象,而许多国货化妆品则强调色彩绚丽,专为年轻、有朝气、追求变化的年轻女性量身定做。

(2) 生活方式

生活方式是指一个人或群体对消费、工作、娱乐等的特定习惯和倾向性方式。古人云:"宁可食无肉,不可居无竹。"这反映了一种休闲的生活方式。在现代社会中,单身人士的人数逐年增加,房地产公司就推出了面积较小、设计精致、功能齐全、服务到位的小户型房源,满足了这类人群的需要。

(3) 社会阶层

按社会阶层标准细分,是指以人的收入、地位、品位等综合指标来区分市场,一般可分为上上层、上下层、中上层、中下层、下上层和下下层市场。每个阶层对产品的需求差异很大。例如,有些世界顶级服装品牌就是以上层消费者为主要对象的,而另外一些服装品牌则以中层消费者为主要对象。

4. 行为因素

按行为因素细分市场,是指企业以消费者对产品的认识、态度、使用情况或反应为基础来细分市场。与心理因素相比,行为因素以消费者外在行为表现作为划分基础,而心理因素则以消费者内在心理表现作为区分标准。

(1) 市场反应

市场反应是指消费者对上市产品的看法、认识的程度。根据市场反应,一般可分为完全不了解、有点了解、有兴趣了解或者完全了解等市场。

企业应根据消费者认知反应的各个阶段采取相应的营销手段。例如，北京亚都公司研发成功的加湿器很适合北方干燥地区使用。该公司在开拓天津市场时，考虑到天津市民尚不了解加湿器这类产品，于是就开展一系列的公关与广告活动，逐渐提高了产品知名度，此后又不断开展现场营销推广活动，使人们进一步对该产品产生兴趣，增加了解，使得亚都公司生产的加湿器一度风靡天津市场，并树立了品牌知名度。

(2) 追求的利益

企业可以根据消费者购买商品追求的利益为标准对市场细分。只要知道消费者为何购买，就能有针对性地开展营销活动。比如对于化妆品，刚跨入社会的年轻女性、工作多年的中高级白领、人气较高的当红明星、小有成就的企业家、上了岁数的退休工人，都会有不同的认知。企业可根据人们追求的不同利益，推出不同的产品和服务。

(3) 购买时机

购买时机也是一种市场细分的标准，包括想购买产品、实际购买产品或真正使用产品的时机。例如，皮装本是冬天畅销的产品，到了夏天就无人问津，但是一家皮装厂为了保持生产的稳定，有一年与温州商人联合起来，在上海乃至全国掀起了一股"反季销售皮装"的热潮，价格仅为旺季时的二分之一，吸引了大批顾客反季购买，此次营销活动取得了巨大的成功。至于夏天买冷饮、春节前置办年货等，都是典型的实际购买时机。企业只要了解、掌握这些规律，就能采取相应的营销策略，吸引消费者购买。

(4) 使用者状况

企业根据顾客使用产品的状况，把市场细分为"从未使用者""曾经使用者""潜在使用者""首次使用者""经常使用者""大量使用者"等六种市场。营销者要善于开动脑筋，让"从未使用者""潜在使用者""曾经使用者"变为"经常使用者"和"大量使用者"。在如何使用方面，特别要强调两点：一是要认真开发"潜在使用者"，扩大用户数量；二是要维持并发展"大量使用者"，他们虽然人数较少，但购买数量较多，例如，有一家航空公司发现，80%的机票是由20%的老客户购买的。因此，开发新客户和稳定老客户就成了成功企业的制胜法宝。

(5) 忠诚程度

企业根据购买者对品牌、产品的忠诚程度细分市场，一般可划分为坚定忠诚者、中度忠诚者、转移型忠诚者和经常转换者等市场。坚定忠诚者是始终忠诚不渝地购买某一种品牌、产品的消费者；中度忠诚者是忠于两三种品牌、产品的消费者；转移型忠诚者是从偏爱一种品牌、产品转移到另一种品牌、产品的消费者；经常转换者是对任何一种品牌、产品都不忠诚的消费者。忠诚程度除了与人的个性有关外，还和产品特点有关。例如，我国大城市消费者对外衣、皮鞋比较有忠诚度，而对袜子很少有忠诚度。又如，可口可乐公司与百事公司不断地做提示性广告，其目的之一就是要提高消费者的忠诚程度。经营者的任务就是通过一系列的营销活动使消费者的忠诚程度不断提高，如图4-1所示。

图4-1 忠诚程度

四、市场细分的方法

市场细分的方法很多，有单一因素法、多种因素法和综合因素法。企业应根据实际需要进行组合,从而合理地细分市场。

1. 单一因素法

这种方法简单易行,即用一种因素细分市场。例如,按收入水平的高低来划分服装市场,可分为高档、中档、低档三种市场;按年龄来划分玩具市场,可分为婴幼儿、儿童、少年、青年、中年和老年市场。

2. 多种因素法

这种方法更有效,更切合实际,是用2~3种因素细分市场。对服装市场而言,最主要的划分标准是性别、年龄和收入。如图4-2所示是一张服饰市场的多因素分析图。近年来在大城市,销售最旺盛的是正面左边中间(注★号处)的市场,即月收入1 000~3 000元的女青年服装市场。

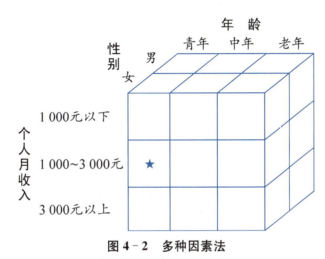

图4-2 多种因素法

3. 综合因素法

这种方法是用更多因素(一般多于三种因素)来细分市场。如图4-3所示是按综合因素法分析的,按年龄、性别、收入、职业、文化程度等综合因素对市场进行细分。

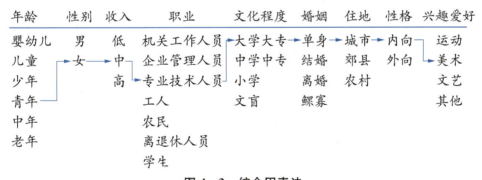

图4-3 综合因素法

值得注意的是,综合因素法的元素不能过多,例如,使用九因素细分法,会最终使得目标顾客群只占总数的千分之一左右,这样顾客就太少了。

五、有效的市场细分

并不是所有的市场细分都是合理有效的,例如,根据顾客头发的颜色来区分食盐市场就很荒谬。同样,如用九因素细分法去细分服饰市场显得不伦不类。

要使市场细分有效,必须做到以下几点:

① 可衡量性:即用来细分市场大小和购买力的特性程度,应该是能够加以测定的。

② 可盈利性:即细分市场的规模应大到足够获利的程度。例如,专为身高210厘米以上的人生产大批量服装是不合算的。

③ 可进入性:即能有效地达到细分市场,并为之服务。

④ 可区分性:细分市场在观念上能被区别,并且对不同的营销组合因素和方案有不同的反应。例如,如果在已婚与未婚的妇女中,对香水销售的反应基本相同,那么这种细分就不应该继续。

⑤ 行动可能性:即为吸引与服务细分市场而系统地提出有效计划的可行程度。

课堂练习

公司不能以姚明的身高来细分服饰市场,其原因是"有效的市场细分"中的(　　)。

A．可衡量性　　　　B．可盈利性　　　　C．可进入性

案例讨论

上海家化细分品牌战略

基于对消费需求的分析和对竞争态势的判断,上海家化确定了品牌发展战略:一方面,要继续打造在百货和商超渠道占据优势的佰草集、六神和美加净三大"超级品牌";另一方面,发展双妹、高夫、玉泽、启初、家安等细分品牌,以集群化品牌抢占全渠道。上海家化认为,细分化、多品牌战略是企业做大做强的根本战略。近年来,上海家化针对新兴的渠道和细分的市场需求,果断淘汰清妃、珂珂、可采和露美等品牌,研发新品牌,推动原有品牌发展。

讨论分析:

请查找资料,分析案例中上海家化品牌面向的细分市场的消费者特征,试从性别、年龄、收入等人口状况因素进行分析。

第二节　目标市场

一、目标市场的含义

通过市场细分,产生了若干相似的小市场,但这不是市场细分的目的。市场细分的目的是让企业在细分市场中寻找、确定自己的服务对象,即寻找、确定企业的目标市场。所谓目标市场,就是指企业在细分市场的基础上,确定企业经营活动中商品、劳务的消费对象。例如,索尼公司当年在卡带播放机流行的时候开发了新产品"随身听",就选择将青少年客户群

作为目标市场。

二、目标市场的选择

目标市场有大有小,但归纳起来有五个层次的目标市场,也就产生了五种选择方法。

如图4-4所示,横向是三个市场,纵向是三种商品,合计共有九个细分市场。

	市场（男）	市场（女）	市场（儿童）
商品（皮鞋）	1	2	3
商品（布鞋）	4	5	6
商品（胶鞋）	7	8	9

图4-4　九个细分市场

如果把市场分别看成男、女、儿童三种市场,把商品分别看作皮鞋、布鞋和胶鞋,就成了九个特殊的细分市场。其中,1就是男性皮鞋市场,5就是女性布鞋市场,依次类推。

1. 产品市场集中化

所谓产品市场集中化,就是指企业在所有细分市场中只选一个作为自己的目标市场的过程。如果企业选9,那么该公司就专门经营儿童胶鞋,满足儿童对胶鞋的需求。因此,该公司的广告语可能是"不管哪个孩子,在本公司都能买到合适的胶鞋"。

2. 产品专业化

所谓产品专业化,就是指企业在所有的细分市场中横着选,把一个产品类别作为目标市场的过程。如果企业选4、5、6,就是专业经营布鞋。该公司的广告语可能是"不管是谁,在本公司都能买到合适的布鞋"。

微课讲解
目标市场的选择

3. 市场专业化

所谓市场专业化,就是指企业在所有的细分市场中竖着选,把一个市场类别作为目标市场的过程。如果企业选1、4、7,就是专门为男性提供各种鞋。该公司的广告语可能是"不管哪位男士,在本公司都能买到各种合适的鞋"。

4. 有选择的专业化

所谓有选择的专业化,就是指企业在所有的细分市场中非横非竖挑着选,而是把某几个细分市场作为目标市场的过程。如果企业选1和5,则专为男士提供皮鞋,为女士提供布鞋。

5. 全部市场化

所谓全部市场化,就是指企业选择所有的细分市场的过程。如果公司占领1～9全部市场,则该公司的广告语可能是"不管是谁,在本公司都能买到各种合适的鞋子,欢迎您全家来本公司选购"。

> **趣味讨论**
>
> 如果你要开一家鞋店,你会如何选择目标市场？如果你要开一家皮鞋厂,你又会如何选择目标市场呢？

三、目标市场的营销策略

经过市场细分,确定了目标市场以后,企业就要选择相应的目标市场营销策略了。

1. 无差异市场营销策略

无差异市场营销策略是指企业以整个市场(全部细分市场)为目标市场,提供单一的产品,采用单一的营销策略组合。其示意图如图4-5所示:

图4-5　无差异市场营销策略

例如,早期的可口可乐公司采取的就是这种策略,只生产5美分一瓶的可乐。又如,自来水公司向全市居民提供同质的水。采用无差异市场营销策略的好处是大量生产,成本较低,而且统一的广告能加深人们对品牌的印象。但正因为成本低、利润高,容易吸引竞争者加入,加剧竞争的激烈程度。

2. 差异性市场营销策略

差异性市场营销策略是指企业在对市场进行细分的基础上,根据各细分市场的不同需要,分别设计不同的产品,并运用不同的市场营销策略组合,服务于各细分市场。其示意图如图4-6所示:

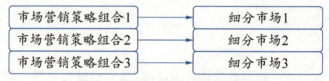

图4-6　差异性市场营销策略

例如,可口可乐公司在经营中发现:儿童因为喝不完大瓶可乐,很少购买5美分的可乐。于是公司专门为儿童生产3美分一瓶的小瓶可乐,从而占领了这一新的细分市场。如今,可口可乐公司更是采取多品牌、多口味、多包装策略,占领了更多的细分市场,成为世界饮料市场的霸主。又如,宝洁公司的洗发水也有多个品牌,"海飞丝"专门满足受头屑困扰人群的需要,"飘柔"满足希望头发柔顺群体的需要。

实行差异性市场策略,会使生产成本、存货成本随商品规格、花色增加而上升,但是由于满足了各个细分市场的需要而增加了销量,因此总体上还是合算的。

3. 集中性市场营销策略

集中性市场营销策略是指企业集中全部力量于一个或极少数几个对企业最有利的细分市场,提供能满足这些细分市场需求的产品,以期在竞争中获取优势。其示意图如图4-7所示:

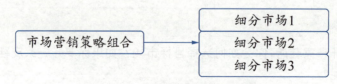

图4-7　集中性市场营销策略

例如,某钢笔公司只生产财会专用笔,用以满足财会、统计和其他喜欢特细笔人士的需要。实行集中性策略的市场较小,并且同质性较强,因此最适合规模不大的中小企业。这种企业的信条是:与其在大市场中占领小份额,不如在小市场中占领大份额。

四、影响目标市场营销策略的因素

1. 企业资源

如果企业实力雄厚,可以采取差异性营销策略或无差异营销策略,服务于整个市场;但若企业资源有限,则应集聚有限的资源于一个或少数几个细分市场,采取集中性营销策略,以更好地服务于目标市场,提高市场占有率。

2. 产品的同质性

如果企业的产品性质相似,产品的特性长期以来变化不大,可以采用无差异营销策略。反之,应采用差异性营销策略或集中性营销策略。

3. 产品的生命周期

产品的市场生命周期,包括导入期、成长期、成熟期、衰退期等阶段。

在导入期、成长期,企业常常采取无差异营销策略。而在成熟期、衰退期,企业常采用差异性营销策略或集中性营销策略。(关于产品的生命周期,本书第五章第三节会作详细介绍)

4. 市场的同质性

如果市场上消费者的需求与偏好相似,消费者的特性差异不大,则企业可以采用无差异营销策略。如果市场上消费者的需求与偏好有差异,且消费者的特性差异较大,则企业可以采用差异性营销策略或集中性营销策略。

5. 竞争对手

如果竞争对手采取无差异营销策略,而本公司实力较强,可采用差异性营销策略。如果竞争对手采取差异性营销策略,而本公司实力较强,也可采用差异性营销策略与之抗衡;但如果本公司实力较弱,则可采用集中性营销策略。

要点警句

与其在大市场中占领小份额,不如在小市场中占领大份额。(小市场,大占有)

课堂练习

捷安特公司生产的自行车专门满足青年人的需要,这是实施了(　　)。
A. 无差异策略　　　B. 差异性策略　　　C. 集中性策略

案例讨论

"她经济"席卷汽车产业

欧拉是长城汽车 2018 年 8 月推出的品牌,长城汽车希望借助该品牌进军新能源汽车市场。之后,欧拉又把目标放到了女性市场,将自己定位为"更爱女人的汽车品牌"。目前,欧拉在售的 5 款车型均销量可观。数据显示,在欧拉售出的车型中,超过 70% 都是女性客户购买的。

同样在女性汽车市场大获成功的还有五菱宏光 MINI EV。2020 年 4 月,上汽通用五菱先后推出了宏光 MINI EV 马卡龙版和宏光 MINI EV 敞篷版,截至 2022 年累计销量已超 80 万辆,成为当之无愧的爆款车型。

当然,不只是长城欧拉和五菱宏光,已有一大批车企瞄准了女性汽车市场的空白。车企纷纷瞄准女性汽车市场的背后是"她经济"的蓝海。艾媒咨询数据显示,在我国 75% 的家庭总消费由女性决策,女性在家庭消费中占据主导地位。而女性对汽车消费的兴趣也日益浓厚,过去以男性为主力消费群体的汽车行业,近年来的风向也在发生改变。

思考与讨论:
1. 为什么车企纷纷瞄准女性汽车市场?
2. 你认为还有哪些用户需求是汽车企业需要关注的?
3. 你还知道哪些品牌也瞄准了女性市场?

第三节 市场定位

一、市场定位的含义

企业在市场细分化之后确定了自己的目标市场,继而要开展市场定位。所谓市场定位,就是指企业根据所选定的目标市场的竞争状况和自身条件,确定企业和产品在目标市场上的特色、形象和位置的过程。市场定位是企业的主观行为,是否符合客观需求,要经过实践去考验。企业应经常开展调查研究,分析主观定位和客观印象的差异,经常纠正错误,合理、正确地定位。

二、市场定位的程序

1. 确定产品定位的依据

产品定位的依据有很多,如:产品的质量、价格、技术水平、服务水准、规格、功能等。

趣味讨论

你认为产品定位最主要的两个依据是什么?请举例说明。

2. 明确目标市场的现有竞争状况

企业要进入的目标市场往往早已有竞争者存在,因此,产品定位的第二个步骤就是要在调查、分析的基础上,把现有竞争者的情况在定位图上标示出来,以便下一步的定位操作。

3. 确定本企业产品在市场中的位置

了解现有竞争者的状况后,企业便可以根据竞争状况和本企业的自身条件来确定本企业产品在市场中的位置,并据此制定相应的市场营销策略了。

例如,内蒙古伊利公司当初进军北京冷饮市场之时,以价格和口感作为定位的依据,发现竞争对手"和路雪""雀巢"冷饮的口感较好,但价格偏贵,于是发挥自己低成本的优势,专门向北京市场提供口感良好且价格较低的冷饮,尤其是增加了"一元货"的品种。经过多年的努力,"伊利"成为了北京冷饮市场的一大品牌。

三、市场定位的策略

1. 避强定位

如图 4-8 所示,D_1 定位于中价、多功能,是一个市场空当。它在价位上与 A 同行,但功能多,购 A 的顾客大多会转向 D_1。而 D_2 与 D_3 分别有 C、B 与之竞争,故不易成功。

例如,"彬彬"专做男式西装,以全毛料为主,在定位上避开竞争对手"杉杉",走低价路线,适应了大部分工薪阶层的需要,取得了较好的经济效益。

> **要点警句**
> 中小型企业产品定位关键在于避强。

2. 迎头定位

如图 4-8 所示,D_2 与 C 定在同一位置上,都属低价、少功能,而 D_3 与 B 定在同一位置,都属高价、多功能,相互之间竞争就比较激烈。

例如,"雅戈尔"从仅做衬衫转向男式西装、衬衫,而"杉杉"从仅做西装转向男式衬衫、西装,"雅戈尔"西装迎头定位,与"杉杉"一样,成为了市场中档名牌。

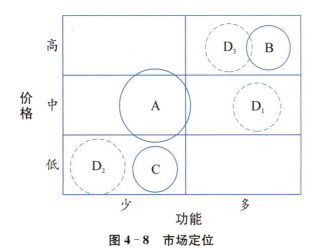

图 4-8 市场定位

四、重新定位

不少品牌产品由于客观环境的变化而需要重新定位,主要有以下三种类型。

1. 因产品变化而重新定位

由于科技的进步,产品在不断地升级换代,因此相关的企业要为自己的品牌、产品重新定位。

例如,王老吉从最初的广式凉茶重新定位为"预防上火的饮料",并以此在饮料行业中开创一个新的品类,形成自己独特的竞争优势。

2. 因市场需求变化而重新定位

由于环境变化,市场需求也相应变化,因此相关的企业要为自己的品牌、产品重新定位。

例如,随着超市、大卖场等业态的发展,服务含量较低的商品(如:洗涤用品)纷纷流向超市、大卖场,因此大型百货公司重新定位,专门经营服务含量较高的商品(如:化妆品)。

3. 因扩展市场而重新定位

企业在发展过程中,扩大了规模,拓展了市场,因此企业要为自己的品牌、产品重新定位。

例如,2023 年 6 月 15 日,号称是"全球首款智能电动旅行车"的蔚来 ET5 旅行版正式发布。国家工信部日前发布申报第 374 批《道路机动车辆生产企业及产品公告》车辆变更扩展产品公示清单,蔚来 ET5T 车型尾标拓展相关信息位列其中,在上市时以"ET5 旅行版"命名的车型现正式更名为"ET5T",今后用户购买 ET5T 可选装不同样式的尾部字标。蔚来方面表示,用 ET5T 替换"旅行版"这一车型代称,蔚来希望这款车面向更大的主流家庭用车市场,而不只是旅行车这一细分市场。

数据显示,该车型上市一个半月销量已超 4 500 台,超过奥迪、奔驰、沃尔沃等品牌旗下所有旅行车型 2022 全年销量的总和。

课堂练习

作为麦当劳的竞争对手,肯德基的市场定位策略是(　　)。
A. 避强定位　　　　B. 迎头定位　　　　C. 重新定位

案例讨论

拼多多错位竞争策略

拼多多成立不到三年便在美国纳斯达克上市。这个当时号称"3 亿人都在拼"的电商平台上市不久,却遭到了行业席卷性的争议。很多人不理解,拼多多拿什么和天猫、京东等巨头竞争。拼多多之所以有此成绩,是因为它瞄准的正是几乎被遗忘的价格敏感用户。

不难发现:拼多多的竞争对手似乎不是淘宝,而是街边店。好用、实惠是拼多多目标消费人群的需求。就地域分布而言,拼多多的消费人群大部分还是三线、四线城市以及广大城乡用户。错位竞争策略帮助拼多多在市场上站稳了脚跟。拼多多是敏锐的,它瞄准了一个尚未被电商巨头覆盖但是拥有庞大网购需求的群体,而且很好地抓住了该群体的痛点。

思考与讨论:

1. 拼多多市场定位的要素是什么?
2. 拼多多的定位原则是什么?
3. 拼多多的定位策略是什么?

★★★★★ 本章汇总 ★★★★★

一、STP 战略

STP 战略是一个前后相联系的整体，S、T、P 是三个英文单词的首字母，其含义分别是：
- S：市场细分（segmenting）
- T：目标市场（targeting）
- P：市场定位（positioning）

二、市场细分

① 市场细分的含义：企业从消费者的需求差异出发，把一个大市场划分为若干相似小市场的过程。

② 市场细分的意义：有利于发掘最佳市场机会，有利于上市产品适销对路，有利于制定营销策略。

③ 市场细分的标准：地理因素、人口因素、心理因素、行为因素。

④ 市场细分的方法：单一因素法、多种因素法、综合因素法。

⑤ 有效的市场细分：必须具备可衡量性、可盈利性、可进入性、可区分性、行动可能性。

三、目标市场

① 目标市场的含义：企业在细分市场的基础上，确定企业经营活动中商品、劳务的消费对象。

② 目标市场的选择：产品市场集中化、产品专业化、市场专业化、有选择的专业化、全部市场化。

③ 目标市场的营销策略：无差异市场营销策略、差异性市场营销策略、集中性市场营销策略。

④ 影响目标市场营销策略的因素：企业资源、产品的同质性、产品的生命周期、市场的同质性、竞争对手。

四、市场定位

① 市场定位的含义：企业根据所选定的目标市场的竞争状况和自身条件，确定企业和产品在目标市场上的特色、形象和位置的过程。

② 市场定位的程序：确定产品定位的依据，明确目标市场的现有竞争状况，确定本企业产品在市场中的位置。

③ 市场定位的策略：避强定位、迎头定位。

④ 重新定位：因产品变化而重新定位，因市场需求变化而重新定位，因扩展市场而重新定位。

第五章 产品策略

【学习目标】

通过本章内容的学习,能够熟悉和了解产品、产品组合、品牌包装、产品生命周期、新产品的基本概念,掌握产品组合、品牌包装决策的内容,运用产品生命周期、新产品采用过程的理论分析解决相关问题。

案例导引

华为的全场景智慧生活战略

2019年,华为提出"1+8+N"全场景智慧生活战略,其中"1"代表智能手机,"8"代表大屏、平板电脑、PC、可穿戴设备、车机等,"N"代表泛IoT设备。除在智能手机领域里遥遥领先外,华为也在"8+N"上频频发力,将目光更多地聚焦在手表、眼镜、智能家居产品等日常家庭生活需求上。例如,智能腕表、智能眼镜以及智慧屏等让用户生活更加便利的同时,也让用户的生活品质得以提升。

从该案例可以引出:

- 什么是产品?产品包括哪几个层次?
- 华为的全场景智慧生活战略开发了哪些新产品?满足了产品的哪些层次?

本章可以帮助大家了解、掌握产品和产品组合、品牌与包装、产品生命周期和新产品开发等相应的知识。

第一节　产品和产品组合

一、产品的整体概念

从传统观念来看,产品是指具有某种特定物质形状和用途的物品,是看得见、摸得着的东西。从现代市场营销学角度看,产品是能够提供给市场、供使用和消费的、可满足某种欲望和需要的任何东西,包括有形的物品、无形的服务、组织、观念或它们的组合。

二、产品的五个层次

产品的五个层次具体如图 5-1 所示。

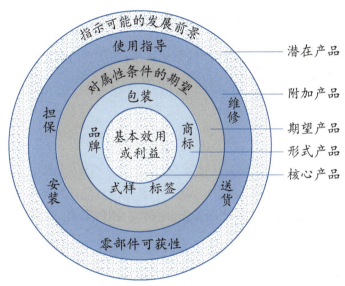

图 5-1　产品的五个层次

1. 核心产品

产品整体概念中最基础的层次就是核心产品,它是指产品向消费者所提供的基本效用和利益。核心产品也是消费者真正要购买的利益和服务。消费者购买某种产品并不是为了获得产品本身,而是需要得到产品带给他的利益或好处。产品的核心利益构成了消费者的买点和企业的卖点。比如,人们购买牙膏并不是为了获得一管"膏状物",而是为了获得牙膏"清洁牙齿、清新口气、预防蛀牙"的利益。因此,企业的产品应首先考虑能为消费者提供哪些基本效用或利益。

2. 形式产品

形式产品是核心利益借以实现的形式,即企业向消费者提供的产品实体和服务的外观,一般由质量、特色、款式、品牌、包装等多个要素构成。比如,消费者在购买电视机时除了会考虑电视机的功能,还会考虑其尺寸、清晰度、品牌等要素。因此,在产品设计时,应着眼于消费者所追求的核心利益,同时应考虑如何将这种核心以独特的形式呈现给消费者。

3. 期望产品

期望产品是指消费者在购买产品时所期望的一整套属性和条件。比如，消费者在购买液晶电视机时，通常都会追求其呈现的图像、色彩和声音，由于绝大多数的电视机都能满足这种最低的期望，所以消费者在没有任何偏好的情况下会努力寻求价格相对较低的产品。

4. 附加产品

附加产品是指消费者购买某种产品时所获得的附加服务和利益，从而把一个企业的产品与另一个企业的产品区别开来。例如，质量承诺、免费送货、上门服务等都属于附加产品。在现代市场经济中，特别是在同类或同质产品中，附加产品有利于引导、启发、刺激消费者购买。

5. 潜在产品

潜在产品是指现有产品最终可能会实现的全部附加部分和将来转换的部分。附加产品是产品的现在，而潜在产品则表明现有产品可能的演变趋势。

微课讲解
产品的五个层次

趣味讨论

某公司经理说："在车间，我们生产的是化妆品；在商店，我们销售的是希望。"你认为这句话对吗？为什么？

三、产品组合

1. 产品组合的含义

产品组合是指企业的经营范围和全部产品线、产品项目的组合搭配。企业产品组合通常由产品项目和产品线组成。产品组合中，每一个具体的产品品种称为产品项目，是产品线的具体组成部分；而产品线是指由在使用价值、原材料、销售渠道、销售对象等方面比较接近的产品项目组成的一个个产品类别。

2. 产品组合决策

产品组合策略，一般是从产品组合的宽度（广度）、长度、深度和相关度（关联度）方面做出决策。

① 产品组合的宽度是指一个企业经营产品大类的多少，即拥有产品线的多少。如：宝洁公司有6条产品线，即洗涤剂、牙膏、肥皂、除臭剂、尿布和咖啡。

② 产品组合的长度是指企业内有多少种不同的产品项目，也可指几条产品线的平均长度。如：宝洁公司有31个产品项目，其产品线的平均长度为5.2。

③ 产品组合的深度是指每条产品线中每种产品所提供的花色、式样、口味和规格的多少。如：某食品公司生产的饮料有3种口味，每种口味有2种规格，则深度为6。

④ 产品组合的相关度是指各产品线之间在最终用途、生产条件、分销渠道或其他方面相关联的程度。如：服装类与饰品类之间的关联性就比服装类与建筑材料类的关联性大。加强产品组合的关联度，可以提高企业在某一地区或某一行业的声誉，也有利于各种产品之间在产销方面的相互促进。

3. 产品线长度决策

产品线的长短一直是产品线经理关注的课题。如果增加产品项目可增加利润，那就表示产品线太短;如果减少产品项目可增加利润,那就表示产品线太长。产品线究竟多长为好,这取决于企业的目标。如果企业的目标是要在某个行业中占主导地位,并要有较高的市场占有率和市场增长率,产品线就应长些,即使某些项目缺乏盈利能力也在所不计;反之,产品线就应短些,只挑选那些利润率高的产品项目来经营,甚至采取经营利润率的末位淘汰制,使企业经营的都是能取得较高利润的产品。

企业应有计划、有步骤地调整其产品组合,增加其产品线的长度。这有两个途径:一是产品线的延伸,二是产品线的扩充。

(1) 产品线延伸

它也可称为产品线扩展。包括向上延伸、向下延伸和双向延伸。

① 向上延伸:即原来定位于较低档市场的企业,增加较高档产品的项目。

② 向下延伸:即原来定位于较高档市场的企业,增加较低档产品的项目。

③ 双向延伸:即原来定位于市场中档位置的企业朝上、下两个方向同时延伸其产品线,一方面增加高档商品,另一方面增加低档商品,力争扩大产品阵容,全面出击。这种决策在一定条件下有助于加强企业的市场地位。

(2) 产品线扩充

它也可称为产品线填补或产品线补缺。具体做法是在现有产品线的范围内增加档次相同的一些产品项目。例如,上海城隍庙五香豆在 500 克、250 克包装的基础上增加 100 克的包装。但是,产品线扩充要合理。例如,如果五香豆已有 500 克、250 克、100 克三种规格的包装,就没有必要再增加 200 克包装的规格了。

课堂练习

讲求产品深度而不讲求产品宽度的商店是( )。
A. 综合百货店   B. 烟杂店   C. 专业商店

案例讨论

"奔驰"的产品观

德国奔驰汽车在国内外一直享有良好的声誉,即使在经济危机的年代,奔驰车仍能"吉星高照",在激烈的国际竞争中求得生存和发展,成为世界汽车工业中的佼佼者。

奔驰公司之所以能取得这样的成就,重要的一点在于它充分认识到公司提供给顾客的产品,不只是一个交通工具,还应包括汽车的质量、造型、服务等,即以自己的产品整体来满足顾客的全面要求。

于是,公司千方百计地提升产品质量,使其首屈一指,并为此建立了一支技术熟练的员工队伍,对产品和部件进行严格的质量检查制度。从产品的构想、设计、研制、试验、生产直至维修都突出质量标准。奔驰汽车公司还能大胆而科学地创新,如车型不断变换,新的工艺技术不断应用到生产上。

奔驰汽车还拥有一套完整而方便的服务网,包括两个系统:一是推销服务网,分布在各国的大中城市。在推销点,人们可以看到各种车辆的图样,了解汽车的性能特点。在订购时,顾客还可以提出自己的要求,如:车辆颜色、空调设备、音响设备,乃至保险式车门钥匙等。二是维修站。奔驰在德国有1 244个维修站,工作人员5.6万人,在公路上平均不到25公里就可以找到一家奔驰车维修站。在国外171个国家和地区,奔驰公司设有3 800个服务站。维修人员技术熟练、态度热情、车辆检修速度快。

质量、创新、服务等虽然并不是什么商业秘密,但在生产经营的产品与质量、创新、服务等有机结合上,各企业却有云泥之别。奔驰公司正是杰出地树立贯彻整体的观念,使自己成了世界汽车工业中的一颗明星。

分析:
1. 奔驰取胜的秘诀是什么?奔驰是如何理解产品概念的?
2. 你认为,我国企业在产品观上存在哪些主要问题?该如何解决?

第二节 品牌与包装

一、品牌与品牌决策

1. 品牌

品牌就是卖者给自己的产品规定的商业名称,通常由文字、图案、数字、标志和颜色等要素或这些要素的组合构成。它可用来识别一个卖者或卖者集团的产品,以区别于其他竞争者。品牌是一个集合概念,它包括品牌名称、品牌标志、商标等概念在内。

① 品牌名称是指品牌中可用语言表达即可发声的部分。例如,饮料有可口可乐、百事可乐、非常可乐、七喜、雪碧、芬达等品牌名称;汽车有法拉利、宾利、奔驰、奥迪、大众、奇瑞等品牌名称。

② 品牌标志是指品牌中可被识别而不能用语言表达的特定的视觉部分,包括专门设计的符号、图案、色彩、字体等。例如,永久自行车的标志是"永久"两字变形为一辆自行车的图案,麦当劳的首字母被设计为金色双拱门造型等。

③ 商标是指受到法律保护的整个品牌或品牌中的某一部分。商标根据其构成可分为:文字商标、图形商标、记号商标和组合商标。商标依其知名度的高低和信誉的好坏,具有不同的价值,它是企业的一项无形资产,该产权可以买卖。

在我国,"商标"与"品牌"这两个术语通用,没有什么区别,但有"注册商标"与"未注册商标"的区别,只有注册商标才受我国法律保护。

> **趣味讨论**
>
> 品牌与商标是不是一回事？请举例说明。

2. 品牌决策

（1）品牌化决策（采用品牌和不采用品牌决策）

1）品牌化决策的含义

品牌化决策就是企业为其产品规定品牌名称、品牌标志，并向有关部门注册登记的一切活动。我国广东健力宝公司一开始就注重品牌化，把小瓶饮料起名为"健力宝"，设计了相应的标志，向工商行政部门注册登记，并广为宣传，一度成为我国很有名的饮料品牌。

我国《商标法》规定：凡规定必须注册商标的商品，必须申请商标注册，否则不准销售，如：卷烟、药品等。对一般商品的商标则实行自愿注册原则。在我国市场上，目前仍然有许多产品没有品牌，或者虽有品牌但不注册商标，结果往往丧失商标专用权，被竞争者抢先注册，捷足先登；也有些商标在国内经过注册后，在走出国门进入国外市场前，没有及时在商品所销售的国家或地区注册，结果反被诬告成假冒商品，或被重罚，甚至被逐出该国家或地区，这种事例，近年来时有所闻，屡见不鲜。

2）品牌化决策的优点

品牌化决策对消费者、企业和社会都有好处，具体表现在以下三个方面。

首先，对消费者而言：

① 方便识别。品牌是消费者购买商品的识别工具，面对品牌繁多的各类商品，消费者能通过熟悉的品牌来辨认和选购。

② 保护利益。品牌是消费者选择商品的评判标准，是产品质量与信誉的保证。商标经登记注册后具有法律效力，既保护了企业利益，也保护了消费者利益。

③ 象征档次。品牌是消费者个人价值的一种体现，购买名牌产品，往往成为消费者体现其个人社会地位、职业身份、文化修养的一种标志。

其次，对企业而言：

① 有利宣传。品牌与商标是企业主要的营销工具，品牌宣传对提升产品知名度和美誉度效果较好。

② 突出定位。品牌是企业营销战略的基本手段，它有助于市场细分、目标市场选择和市场定位。

③ 塑造形象。品牌是促进企业发展的激励手段，通过创造受消费者欢迎的品牌，可以激励企业不断提高产品质量，提高企业信誉，完善和提升企业形象。

④ 便于区分。品牌是区别同类产品的重要标志，不同品牌就代表着不同的来源、质量、信誉、价值和评价。

⑤ 资产增值。著名品牌可成为企业巨大的无形资产，这种无形资产具有巨大的促销能力和增值能力。

最后，对社会而言：

① 品牌可促进产品销量不断提高，使社会，乃至某地区的财政收入增加、经济繁荣。

② 品牌可鼓励生产者不断创新，使市场上的产品更丰富，日新月异。

③ 注册商标的专用权和排他性，可保护企业间公平竞争，使社会上商品流通有序，使市

场经济健康发展。

过去,中国有"世界大工厂"之说,原因就是当时我国很多企业是代加工,没有自主品牌。我国外销产品的品牌情况:制造企业生产产品基本为贴牌生产,所获经济利益在整个价值链生产的利润中份额极少;制造企业缺乏品牌决策意识和激励机制,缺乏品牌战略管理理念;企业知识产权观念淡薄,没有品牌保护意识。而今,我国很多企业家和学者自发探讨创立自主品牌的意义,就是因为品牌化决策作为企业的重要资产,不仅支持企业的经营行为,还是企业参与国际竞争的重要筹码。

3) 品牌化决策的缺点

也有人认为,品牌化的过度发展,有如下弊端:

首先,品牌化会造成产品不必要的、脱离实际的区分,特别是同类型的产品。例如,我国目前不少消费品的品牌滥竽充数,真正被市场认同的品牌不多。

其次,品牌化会增加消费者的负担。因为品牌化必然要增加广告、包装和其他成本,而这些额外的开支必然转嫁给消费者。

最后,品牌化会强化人们的等级观念,使产品盲目地拉开档次,有的产品已不仅是甲级、高级,还产生了特级、豪华级、超级等等,价格也随之上涨,会产生不良的社会效应。

以上这些弊端在世界各国都不同程度地存在,但权衡利弊,品牌对市场发展的促进作用还是主要的。关键在于加强管理。

(2) 品牌归属决策(制造商品牌与经销商品牌决策)

大多数经销商采用制造商品牌。当制造商的实力、品牌的知名度及美誉度高于其经销商时,应坚持使用制造商品牌;如情况相反,则采用经销商品牌为宜;当实力、信誉相当的制造商和经销商发生业务关系时,常常适宜采用折中的办法,同时使用制造商品牌与经销商品牌。我国在向国际市场推销产品时,可以视本企业产品与经销商的情形来决定使用哪种品牌。例如,"杉杉西服"是典型的制造商品牌,而"培罗蒙"则是标准的经销商品牌。

(3) 家族品牌决策(个别品牌与统一品牌决策)

所谓家族品牌决策,是对企业生产的所有产品是全部使用一种品牌,还是分别采用不同品牌的选择决策。有以下四种方法可供选择:

① 统一品牌,即企业所有的产品全部使用同一品牌。如:"皮尔卡丹"商标本是法国时装商标,后来该公司推出的服装、饰品、日用品、眼镜等,皆冠以"皮尔卡丹"商标,以显示其高贵、优雅、豪华的风格。统一品牌的好处是:推出新产品时可省去命名的麻烦,并可节省大量的设计费、广告费;如果该品牌有良好的声誉,消费者就很容易接受,能很快占有更大的市场。但是统一品牌也有坏处:任何一个产品质量或声誉的下降都会牵连到整个企业所有其他产品的销售,甚至面临着"家族"覆灭的危险。

② 个别品牌,即企业生产的各种产品都分别采用独立品牌。如:上海牙膏厂对自己的产品分别采用"美加净""白玉""留兰香"等商标,把不同等级的牙膏区别开来。这种做法的最大好处是:可把个别产品的成败同企业形象分开,且考虑到不同商品购买者的不同需要,一旦一种品牌的商品发生问题,也不至于连累其他品牌商品,产生不可挽回的影响。其缺点在于品牌间相互关联性差,逐个宣传品牌的费用高于家族统一品牌。

③ 分类的家族品牌,即企业依生产线的不同而分类使用不同的品牌。有些大企业生产、经营的产品种类繁多,吃、穿、用俱全,如:美国的西尔斯公司拥有家用电器、女性服饰、家具等产品,分别使用不同的品牌进行销售。有的企业既生产食品,又生产化妆品,还生产化肥、

农药等,就更不宜使用同一品牌了。

④ 企业名称加个别品牌,即企业的每种产品用一个品牌,同时在每一品牌前冠以公司名称,以公司表明出处,以品牌表明产品特点。这种做法的好处是:既可凭借公司声誉推出新产品,节省广告宣传费用,又可使各个品牌保持自己相对的独立性。汽车、药品等制造商就常用这种策略。

（4）品牌延伸决策

品牌延伸决策是指企业利用已出名的品牌来推出改良产品或新产品。著名的品牌可以使新产品容易被识别,得到消费者的认同,还可以使企业节省有关的新产品促销费用。如:娃哈哈集团的产品从儿童营养液扩展到果奶、纯净水、营养八宝粥、AD钙奶、红豆沙、绿豆沙等,金利来集团的产品从领带扩展到衬衣、钱包等。但这种做法有一定风险,容易因新产品的失败而损害原有品牌在消费者心目中的形象。因此,这一决策多适用于推出同一性质的产品。品牌延伸决策和家族品牌决策中的"统一品牌"有些不一样。品牌延伸决策是指企业同一性质的产品采用同一品牌,而统一品牌可以是同一性质产品,也可以是不同性质产品。

（5）多品牌决策

多品牌决策是指同一企业在同一产品线上设立两个或多个相互竞争的品牌。这虽然会使原有品牌的销量略减,但几个品牌加起来的总销量却比原来一个品牌的多。如:宝洁公司就拥有"海飞丝""飘柔""潘婷""沙宣"等品牌。多种品牌还可以加强企业内部的竞争机制,提高经济效益。此外,在国际营销中,可以针对不同国家、不同民族、不同宗教信仰的地区,采用不同的色彩、图案、文字的商标,来适应不同市场的消费习惯,避免由于品牌定位不当而引起市场抵触。多品牌决策和家族品牌决策中的"个别品牌"有些不一样。多品牌决策是指企业同一产品采用不同品牌,而个别品牌可以是同种产品,也可以是各种产品。

（6）品牌重新定位决策

由于市场环境变化,品牌往往需要重新定位。如:王老吉原来的定位是"中药凉茶",而消费者普遍认为"药"不是日用品也不能经常饮用。为此,王老吉对品牌重新定位,不再拘泥于药茶行业,赋予自己一张饮料的面孔——预防上火的饮料。

但是,也有些著名品牌在消费者心目中的定位已根深蒂固,很难轻易改变。如:原来只是中档价位和品质的手表,如果硬要将该品牌变为高档产品,恐怕即使花再多广告费也难以奏效,不如另创新牌效果会更好。

3. 品牌命名和设计

品牌的名称和标志的设计对企业的经营效果有着重要影响,这也是体现产品整体概念的一项重要措施。品牌的名称、标志、标准字、标准色是企业地位、规模、力量、尊严、理念等内涵的外在集中表现,是视觉形象设计中的核心,构成了企业的第一特征及基本性质,同时也是广泛传播、取得大众认同的统一符号。因此,很多发达国家的企业不惜花费重金征求商标设计,如:泛美航空公司的标志,就是当年花258万美元征求来的。

企业要搞好品牌名称和标志的设计工作,一般来讲,应遵循以下几项基本要求:

① 符合法律,即符合市场所在地的法律规范。品牌只有合法,才能向有关部门申请注册,取得商标专用权。

② 暗示产品效用质量,即一看见品牌,就能大体知道该产品的用途或性能。如:美加净牙膏寓意产品能让牙齿干净又美丽。

③ 醒目易记,即品牌的设计要容易看到,容易记忆,能给人们留下深刻印象。如:麦当劳

的金色双拱门标志和肯德基的KFC标志都很醒目,近处可见的麦当劳叔叔和山德士上校的头像也都给人们留下深刻的印象。品牌的名字也宜取简单、容易记忆的,如青岛、小天鹅、方太等。

④ 有创意、有特色、有内涵。美国有一眼镜品牌以OIC命名。O与C在手写体中几乎可以看作两个圆圈,代表人的两只眼睛,I则可看成笔直的鼻梁,OIC就形似一副架在鼻梁上的眼镜。更绝的是,人们在读该品牌时,发音为"Oh, I see",即本来视力不佳,一戴上眼镜就看得很清楚。品牌名称的意义主要讲究用词的内涵和外延,要尽可能与行业性能相关,同时又要与企业的理念相契合。例如,以"华"字打头的国有大型企业"华信"金融、"华润"石油、"华能"电力都有一语双关的意义;"四通""联想""巨人"等电脑公司的名称则都有行业内涵和理念外延的印象。

⑤ 符合文化,为公众所喜闻乐见。品牌名称和标志要特别注意各地区、各民族的风俗习惯、心理特征,要尊重当地传统文化,切勿触犯禁忌。尤其是涉外商品的商标,更要注意这个问题,最好是针对目标市场的特点专门命名和设计,切不可直接把中文商标转化为汉语拼音。如果是音译或意译,则要注意译名在外语中的含义是否妥当。如:"芳芳"牌化妆品的汉语拼音为"fang",这恰好是表示"毒蛇的毒牙""犬(狼)的尖牙"之意的英文单词;"白象"牌电池译成"White Elephant",有"累赘"之意。而有些品牌命名刻意迎合顾客心理,对促进销售、占领市场就有很好的作用。如:有些喜糖品牌名或店铺名直接就叫"喜洋洋"。

⑥ 商标设计既要跟上时代潮流,不断更新,又要保持相对稳定性。如:"可口可乐"商标曾多次更新,但英文艺术字这一基本设计一百多年未变过,可口可乐驰名全球,成为美国文化的一种象征。

总之,品牌商标的命名和设计是一门学问,不但要讲求艺术性,而且要结合美学、经营学、营销学、社会学等,使艺术性和商业性相结合。此外,与品牌密切相关的企业识别系统,近年来我国许多企业都开始引入,实践证明,这对提升企业形象和产品营销的效果都十分显著。

二、包装

1. 包装的含义和作用

包装是指商品的容器或包装物及其设计装潢。包装的材料主要有纸、金属、草编制品、塑料、玻璃等。近年来,随着包装材料工业的兴起,包装材料的种类越来越多。包装不仅指与商品直接接触的内包装,还有中层包装和外部的储运包装。

由于包装的好坏直接关系到商品的价值和销路,因此,许多生产和销售企业都高度重视包装。包装在企业全部的营销过程中,具有以下作用。

(1) 保护商品的使用价值

绝大多数商品,在进入流通领域之后、到达消费者手中之前都有防碰撞、防挤压、防破碎、防潮湿、防散落、防虫蛀、防霉烂、防火或防盗的要求,这就需要对商品进行一定的包装。良好的包装,不仅有利于向消费者提供优质的商品,同时还能减少企业的经济损失。

(2) 促进商品的销售

精美的包装可美化商品,提高顾客的视觉享受和购买欲望,促进销售。例如,我国福建特产莆田桂圆具有补心脾、养血安神的功能,远近闻名。20世纪50年代在商店销售时,其包装往往是粗劣的草纸,外边仅用麦草捆扎了事,其他诸如红枣、核桃仁等冬令滋补品也大抵都是这样的简陋包装。一等的商品,用二等的包装,只能卖三等的价格。现在,当地重视产品包装后,有些升级后的产品在国际市场上的价格提高了5~6倍,而且很受消费者欢迎。

(3) 便于经营和消费

良好的包装可为商品的买卖、陈列、储运提供种种便利,同时,也可为消费者的选购和使用提供方便,能更好地满足消费者的需要。例如,服装等产品的吊挂式包装,休闲食品量小且容易手撕的包装,以及饮料的易拉罐包装,都既便于经营,又便于消费者使用。

(4) 便于识别商品

专门设计的包装可作为商品的特定标志,以便于与竞争商品相区别。例如,"农夫山泉"矿泉水安全卫生的"运动盖"包装,别具匠心,独具一格。

> **要点警句**
> 产品包装是沉默的推销员。

当前,包装已成为企业之间市场竞争的一种重要武器,日益受到营销者的重视。包装技术已成为一个专门的学科,包装工业将成为一个独立的产业。但是,我国近年来在产品包装上出现了种种不正之风,如:名实不符、豪华奢侈、"金玉其外,败絮其中"等问题似有扩大之势,相关部门已通过行政和法律手段加以规范和管理。

2. 包装设计的基本要求

产品包装的设计应以包装的基本功能和作用为主,要突出特定产品包装的主要功能。不同产品包装的功能重点不同,对包装设计就有不同的要求。就促销功能来说,生活消费品包装的设计,应尽量适应目标市场的需要,符合以下几项基本要求。

(1) 独具特色

包装应力求新颖别致、美观大方、使人耳目一新,而不应流俗模仿。一味地模仿名牌显得毫无创意与特色,应予以摒弃。

(2) 体现档次

包装应与产品的档次和价值相一致。贵重的高档产品或礼品,包装要华丽高雅,增加产品的价值感。

(3) 便利消费

包装应便于消费者选购、携带、使用和保存。为了适应不同消费者的需要,应有不同规格和份量的包装。

(4) 透明直观

挑选性强的产品(如:衬衫、丝袜等),应使顾客通过包装的透明部分看到产品的花色、款式、质地等特点。

(5) 真实无欺

包装的外形、规格、分量等必须与产品实际相一致,不应使顾客产生误解。包装的促销作用应建立在真实性的基础上,欺骗性的包装同现代营销观念是水火不相容的。

(6) 安全卫生

包装要注意保护消费者的安全和卫生。如:许多药品包装均强调安全,防止儿童误食;还有杀虫剂、消毒液等喷雾剂也已使用安全型包装。

(7) 美观艺术

包装设计应力求赏心悦目,增加产品的美感和魅力。包装的造型、色彩、图案和文字等要符合当地风俗习惯和宗教信仰,切忌触犯禁忌。

总之,根据以上几项要求,包装设计者应从经济、科学、艺术等方面综合考虑,精心安排,使包装设计的各种要素——色彩、形状、尺寸、分量、材料、图案、文字和商标等保持协调、统一,同时,还要与产品价格、渠道、广告促销等其他营销要素相配合。

3. 包装的基本策略

(1) 统一包装

这是指企业对自己生产经营的产品采用统一的包装模式,即在颜色、图案、造型等方面运用类似特征,使人一见就知是哪家企业的产品。这也是企业识别系统的内容之一。这样可以强化企业形象,有利于推出新产品和节省促销费用等。

(2) 配套包装

这是指把几种消费上相关联的产品放在一个特制的包装物中销售,如:化妆品系列套装、礼品套装等,既可便利消费,又可扩大销路。但也要避免引起顾客反感的硬性搭配。

(3) 再使用包装

这是指有些产品的包装物在产品用完后还可另作他用,如:雀巢咖啡的包装瓶在咖啡喝完后还可用作茶杯。

(4) 分档包装

这是指为了适应顾客不同的购买力或不同的购买目的,对同一种产品采取不同档次的包装。如:糖果可采用盒装、袋装、散装等多种形式。

(5) 附赠品包装

这是指在包装物中附送小礼品,以促进顾客重复购买。如:在珍珠霜包装盒内赠送一粒珍珠,当顾客在购买到一定数量后,把所集珍珠加工串起来,便是条珍珠项链。

课堂练习

上海大众汽车公司在推出"桑塔纳"品牌后又推出"帕萨特"品牌,这是(　　)决策。
A. 品牌延伸　　　B. 多品牌　　　C. 品牌重新定位

案例讨论

宝洁公司的多品牌策略

宝洁公司的一大特点是多品牌,即一种产品细化出多个品牌。

宝洁公司追求同类产品不同品牌之间的差异,包括功能、包装、宣传等方面,从而形成每个品牌的鲜明个性。以洗衣粉为例,宝洁美国公司就设计了九个品牌:汰渍、洗好、格尼、达诗、波特、卓夫特、象牙雪、奥克多和时代。宝洁公司认为:不同的顾客会从产品中获得不同的利益组合,如有些人认为洗涤和漂洗最重要;有些人认为使织物柔软最重要;还有人希望洗衣粉应具有气味芬芳、碱性温和的特点……于是公司设计了九个品牌,占领了九个不同的细分市场。

宝洁公司还根据同类产品不同品牌之间的差异,制造了一个又一个卖点。"海飞丝"的个性在于去头屑,包装采用海蓝色,使人联想到蔚蓝色的大海,带来清新凉爽的视觉效果;"潘婷"的个性在于对头发营养保健,包装采用杏黄色,给人以营养丰富的视觉效果;"飘柔"的个性则是使头发光滑柔顺,包装采用草绿色,给人以青春美的感受。

好多公司采用多品牌策略后,常常会"自己人打自己人",而宝洁公司的多品牌,则是"抱着团"联合起来打别人。

思考:
1. 企业在数量上实施品牌策略有哪些选择?
2. 宝洁公司的多品牌策略成功的主要原因是什么?
3. 宝洁公司的多品牌策略当下来看需要调整吗?

第三节　产品生命周期

一、产品生命周期的概念

1. 产品生命周期的含义

产品生命周期是现代市场营销学的一个重要概念。研究产品生命周期的发展变化,可使企业掌握各种产品的市场地位和竞争动态,为制定产品策略提供依据,对增强企业竞争能力和应变能力有重要意义。

2. 产品生命周期阶段

每个产品在不同阶段的销售和利润都不是固定不变的。产品生命周期是指新产品从开发、上市,在市场上由弱到强,又由盛时衰退到被市场淘汰为止的全过程。产品生命周期专指产品的经济寿命,它与产品的自然寿命或使用寿命不同。产品生命周期分为四个显著的阶段。

> **趣味讨论 1**
>
> 产品的使用寿命长,还是产品的经济寿命长?为什么?

(1) 导入期

在此阶段,新产品初上市,知名度低,销量少,企业宣传费用高;企业没有利润,甚至可能亏损;竞争者很少,甚至可能没有。

(2) 成长期

在此阶段,产品逐渐被消费者了解和接受,销售量迅速上升,企业的利润也随之增长,竞争者的类似产品陆续出现。

(3) 成熟期

这是指产品大量投产和大量销售的相对稳定时期,销售量和利润的增长达到了顶峰后,销量逐渐下降;由于竞争激烈,营销费用增加,价格开始下降。

(4) 衰退期

在此阶段,由于竞争激烈、需求饱和或新产品出现,使销售明显下降,企业的利润日益减少,竞争者纷纷退出,原产品被新的产品所取代。

> **要点警句**
> 大多数产品是有生命周期的。

对以上各阶段,很难硬性规定出具体的数量界限,通常根据销量曲线(呈 S 形)的显著变化点来划分,如图 5-2 所示。不同产品生命周期的长短,以及各个阶段时间的长短,均有明显区别。这里说的"不同产品"实际上是指在产品的种类、品类和具体的品种之间,它们的生命周期可能完全不同。商品种类的生命周期最长,其次为商品的品类,再次是商品的具体品种。例如,家具的经济寿命最长,红木家具次之,某款式的红木座椅最短。在实际经营中,用商品生命周期理论来分析商品种类的情况似乎很少,研究商品品类的也不太多,而研究具体品种的最多。

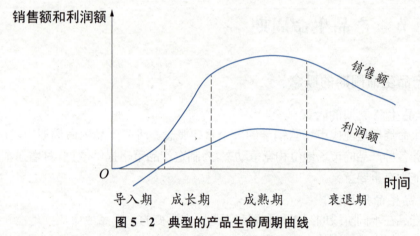

图 5-2 典型的产品生命周期曲线

趣味讨论 2

彩电现在处于产品生命周期的哪个阶段?为什么?

二、产品生命周期的型态

产品生命周期并非都呈 S 形的典型状态。有些产品上市后很快进入成长期,没有经过导入期的缓慢增长过程;也有些产品没有成长期,一经导入市场后,立即成熟,被热销抢购;还有的产品,虽一旦投入市场立即热销,但也很迅速地衰退,仅在很短的几天内就经历了产品的全部生命周期。以下是几种比较常见的产品生命周期类型(如图 5-3 所示):

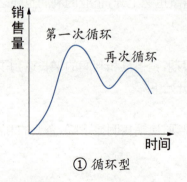

① 循环型

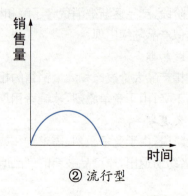

② 流行型

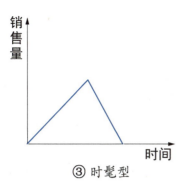
③ 时髦型

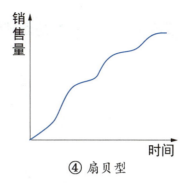
④ 扇贝型

图 5-3 产品生命周期的型态

① 循环型：又称"循环—再循环"型。这种类型的代表是医药产品。新产品推出时，企业大力促销，使产品销售出现第一个高峰，然后销量下降，于是企业再发起促销，使产品销售出现第二次高峰。一般来说，第二次高峰的规模和持续时间都不太可能大于第一次。

② 流行型：流行品刚上市时往往只有少数人接受；然后随着少数人的使用和消费，其他消费者也发生兴趣，纷纷模仿，进入模仿阶段，终于被广大消费者所接受，进入全面流行阶段；最后，产品缓慢衰退。因此，流行型产品的特征是成长缓慢，流行后保持一段时间，然后又缓慢下降。

③ 时髦型：时髦型产品的生命周期则是快速成长，又快速衰退，其持续时间较短，如：塑料飞碟和呼啦圈。

④ 扇贝型：这种产品的生命周期的特点是不断延伸再延伸。原因是产品的功能不断创新，并不断发现新的市场、开发新的用途，因此有连续不断的生命周期。如：美国杜邦公司的尼龙自 1937 年上市至今久盛不衰，最早它是作为降落伞面料，后被添加用作制造丝袜、衬衫、地毯、绳等日用品的一种成分，从而使其生命周期一再延伸。

尽管不同产品的生命周期不尽相同，但为了说明问题，本书中讨论的仅是具有代表性的 S 型产品生命周期曲线。

三、产品生命周期各阶段的特点

产品生命周期各阶段呈现不同的特点，见表 5-1。

表 5-1 产品生命周期各阶段的特点

特征 \ 阶段	导入期	成长期	成熟期	衰退期
销售额	低	迅速上升	达到顶峰	下降
单位成本	高	平均水平	低	低
利润	无	上升	高	下降
顾客类型	领先采用者	早期采用者	多数采用者	滞后采用者
竞争者数目	少	渐多	相对稳定，开始减少	减少
营销目标	建立知名度，争取试用	提高市场占有率	保持市场占有率，争取利润最大化	妥善处理超龄产品，实现产品更新换代

四、产品生命周期各阶段的营销策略

1. 导入期的营销策略

在导入期,由于新产品刚投放市场,消费者对产品还很陌生,销售一般增长缓慢。因此,企业应千方百计提高产品的知名度,广泛宣传产品的功能,吸引潜在顾客的注意和试用,争取打通分销渠道,占领市场。在这个阶段,营销策略要突出一个"准"字,即市场定位和营销组合要准确无误,符合企业和市场的客观实际。

如果把价格和促销两个因素结合起来考虑,各设高低两档,就有四种营销策略(如图5-4所示)。

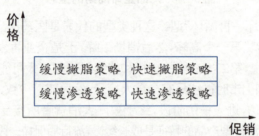

图5-4 价格和促销因素影响下的四种营销策略

(1) 快速撇脂策略

这是一种高价高促销策略。企业在产品投放阶段将其价格定得很高,同时配以大量促销费用进行广告宣传等活动,以产生"优质优价"的感觉,迅速提高产品知名度,打开市场销售局面。这种策略适用于市场上无替代品或该产品明显优于同类产品,且产品市场需求大的情况。

(2) 缓慢撇脂策略

这是一种高价低促销策略。企业为了在节省广告宣传等促销费用的前提下,尽可能获得较多的利润而采用这种策略。使用这种策略必须具备以下条件:市场竞争不激烈,产品具有独创的特点,消费者对此产品的需求缺乏弹性但视为必需品,无较大的选择性,并且大多数消费者已熟悉该产品,愿意出高价购买。

(3) 快速渗透策略

这是一种低价高促销策略。企业以低价格和高促销费用推出新产品,迅速占领市场,随着销售量的扩大,使生产或进货单位成本降低,获取规模效益。这种策略适用于市场规模较大,潜在竞争对手较多,企业有能力降低产品单位成本的情况。

(4) 缓慢渗透策略

这是一种低价低促销策略。企业以低价格和少量促销费用推出新产品。低价格可扩大销售,少量促销费用可降低营销成本,增加利润。这种策略适用的条件是:市场规模很大,且消费者熟悉该产品,市场对价格很敏感,存在某些潜在的竞争者,但威胁不是很大。

在导入期,企业还必须考虑产品投入市场的规模,即产品是推向整体市场,还是投入区域性市场,或是按照细分市场逐步进入。此外,资金支持也是新产品能否顺利度过导入期的重要因素,此阶段企业获利较少,需筹措一定资金给予保证。

2. 成长期营销策略

产品经过市场考验进入成长期。此时,产品已经基本定型,批量生产能力形成,成本下降,促销费用降低,产品在市场上有很大吸引力,逐渐被消费者接受,销量增长,利润较大,分

销渠道也畅通,市场打开,但竞争程度增加。此阶段,企业应围绕一个"好"字来选择适宜的策略:
- 对产品的质量、性能、式样、色彩及包装都应作相应的改进,以继续增强市场竞争的能力。
- 加强市场调查,不断拓展新市场,探索新的细分市场,以适应潜在需求。
- 广告宣传的重点应从建立产品知名度转向劝说顾客购买。
- 可适当削价促销,吸引对价格敏感的顾客,并抑制竞争。

3. 成熟期的营销策略

产品进入成熟期的标志是销售增长速度渐缓,市场趋于稳定。一般而言,市场上的产品大都是成熟期的产品。企业为维持其现有的市场地位,应设法将此阶段延长,包括对产品质量、性能、品种、花色等选择进一步增加。但在此阶段,产品的销售量开始缓慢下降,单位利润日益减少。产品进入成熟期后的营销策略是一个"改"字。

(1) 改革市场策略

改革市场策略是在一边巩固原有消费者,一边尽可能赢得新消费者的基础上,开拓新市场,提高产品销售量。其实现途径不是改变产品自身,而是改变产品的用途和销售方式或消费方式,这种策略的实现一般是通过寻找新的细分市场,取得新的市场机会,使产品进入尚未使用本产品的市场;或者通过刺激现有消费者,增加使用率,增加重复购买,重新树立产品形象。

(2) 改革产品策略

这种策略一般通过以下途径来实现:提高产品质量,注重产品特性(如:产品的耐用性、安全性、美观性);有针对性地将产品从原来只适应消费者的一般要求,转变为能够适应不同消费者的特殊要求;发展产品新用途,创造新的消费方式;拓展产品服务,提高服务质量,增加服务内容。

(3) 改革市场营销组合策略

这种策略通过改变市场营销组合某一要素或若干要素来延长产品成熟期的时间,为企业更多地创利。

4. 衰退期的营销策略

产品进入衰退期,销售量下降,利润下降,甚至亏损,促销手段开始失灵,此时,相应的营销策略应是一个"转"字。

(1) 集中策略

这种策略是指缩小产品线,缩小经营规模,将人、财、物相对集中在具有最大优势的细分市场上,以从该细分市场获取较多的利润。

(2) 收割策略

这种策略是指由于产品的市场销售率和市场占有率都很低,现金流量净值仅处于平衡或出现小负值,但市场上仍有一些消费者需要购买此产品,此时,企业应大力降低销售费用,减少销售人员,增加服务,较好地抑制市场对产品需求的大幅度滑坡现象,从而保证延期收益,并考虑开始放弃这一产品。

(3) 放弃策略

这种策略是指如果产品无法为企业带来利益,就要及时推出新产品替代老产品,有计划地减少、转产,或将产品转让给别的企业。如果决定放弃某种产品而退出市场时,也必须采取积极措施,慎重做好善后工作,如:合理地选择放弃的时间和保留一部分维修的零件等。

课堂练习

销售量最高,且销量较稳定的阶段是(　　　)。
A. 导入期　　　　B. 成长期　　　　C. 成熟期　　　　D. 衰退期

案例讨论

手机产品生命周期

产品的快速更新换代是电信行业的普遍规律。在科技飞速发展、新产品不断涌现的同时,在网设备的部件会逐步老化,功能逐渐不能满足用户不断丰富的沟通需求,在节能环保、网络安全性、可维护性、运营支出等方面也将面临越来越多的挑战。老产品会逐步被新产品所替代。因此,对产品进行生命周期管理,有节奏地引入新产品,更加有利于吸引客户,增强市场竞争力。

手机在产品生命周期的四个阶段分别采取了以下营销策略。

● 导入期

手机,作为一种高新技术产品,更新换代的速度日新月异,市场上不断地有新手机推出,因此导入期新产品的研发至关重要。

● 成长期

企业在这一阶段要做的就是,更快地让消费者接受新产品,尽可能延长产品生命周期的黄金时期,比较常见的两种方式就是产品改进和促销策略。在产品改进方面,优秀的品牌厂商的每一个新产品都会根据市场,进行一些改进,包括外观、性能等各方面。

● 成熟期

手机成熟期较短,市场存活时间不长。在手机市场逐渐饱和的情况下,有的手机产品更是昙花一现。在这一阶段,企业进行市场改良、产品改良等措施,其实已经没有太大意义,可以尝试营销组合改良这一方式。

● 衰退期

手机市场的竞争很激烈,产品很快就会进入衰退期,退出市场竞争。在这一阶段,企业应该谨慎评估该产品,及时作出决断,并处理好后续事宜,使企业能井然有序地转向新产品的经营。

思考:
1. 什么是产品生命周期?产品生命周期各阶段有哪些特征?
2. 请为手机在产品生命周期各阶段开展营销活动提出合理的意见。

第四节　新产品开发

一、新产品的含义

凡是能给顾客带来某种新的满足、新的利益的产品,都可称之为新产品。新产品不一定都是新发明的、从未出现过的产品。

> **趣味讨论**
>
> 一家酒厂把相同的酒灌进新设计的酒瓶里,售价有所提高。这是不是新产品?为什么?

二、新产品的分类

营销学根据产品创新的不同程度,可以把新产品分为四类。

1. 全新产品

所谓全新产品,是指市场上从来没有出现过的,运用新原理、新材料、新技术、新工艺制成的产品。例如,打字机、电话、飞机、真空管、塑料、尼龙、圆珠笔、电子计算机等被视为1867年至1960年间世界公认的最重要的新产品的一部分。这类新产品是极其难得的,因为每一项发明,都包含了从理论到实践、从实验室到工业生产的漫长过程,需要花费大量的人力和资金。所以,这类新产品的使用往往会改变用户或消费者的生产方式或生活方式,它们第一次进入市场时,使用者都需要一个接受和普及的过程。

2. 革新产品

所谓革新产品,是指在原有产品的基础上,部分采用新技术、新材料制成的性能显著提高的产品。例如,黑白电视机革新为彩色电视机;普通热水瓶革新为气压热水瓶,后又革新为电热水瓶;普通缝纫机革新为电动缝纫机;普通电熨斗革新为自动调温或自动蒸汽电熨斗等。

3. 改进产品

所谓改进产品,是指在原产品的材料、结构、款式、包装等方面做出改进的产品。例如,在普通牙膏中添加了不同成分后制成的具有不同功能的牙膏,香烟从无过滤嘴发展到有过滤嘴再到加长过滤嘴,以及人参酒、不同型号的自行车、新款式的服装等等。

4. 新牌子产品

所谓新牌子产品,又称企业创新产品,是指市场上已有的、企业仿制后经过创新标上自己的品牌所形成的产品。例如,市场上经常出现新牌子的香烟、啤酒、洗发水、洗衣机、冰箱等等。

以上这四种类型产品的创新程度由高到低,其中全新产品的创新程度最高,新牌子产品的创新程度最低。一般来说,创新程度越高,其所需要投入的资源就越多,开发的风险也就越大。因此,为了减少风险,必须按照一定的科学程序来进行新产品的开发。

三、新产品开发的程序

新产品开发的程序大致可分为八个阶段,如图5-5所示。

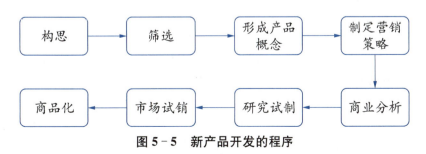

图5-5 新产品开发的程序

1. 构思

新产品的构思就是开发一种新产品的设想。这种设想就是创意。有效的创意是开发新产品的前提,没有新的创意、新的构思是很难开发出新的产品的。新产品的构思从哪里来?主要来源有购买者(包括消费者和工业用户)、专家、中间商、竞争者、企业的营销人员、各种传播媒体、科研机构和大专院校等等。他们往往最了解消费者、用户的需求,也最能提供有价值的信息。

2. 筛选

好的构思对于开发新产品非常重要,但不是所有的构思都能付诸实施。因此,还必须对所产生的构思进行筛选,选出可行性较高的构思来进一步开发,去粗取精,剔除不可行或可行性较差的构思,以免造成企业资源的浪费。

筛选构思时,主要考虑企业的目标和资源能力,即要选择那些与企业目标相符而企业又有能力开发的构思,以作进一步的开发。

3. 形成产品概念

产品创意仅仅是一种设想,但消费者购买的不是设想,而是具体的产品。因此,需要把产品的创意更进一步具体化,即把产品的创意转化成产品的概念,把它用文字或图像表示出来。

例如,一家自行车厂针对城市交通拥挤、燃油车排放废气造成空气污染这一现象,考虑生产一种既可用电力作为动力、又可脚踏的自行车,后续需要把这个创意进一步具体化,发展成产品概念。

在创意成为产品概念的过程中,通常要考虑到三个方面。一是产品的目标消费者,二是产品给消费者带来的效用或利益,三是产品的使用环境。一个创意可以形成许多不同的产品概念,比如根据这三方面的因素,就可以把上述的电动车创意发展成以下三种方案:

① 工薪阶层上下班使用:由于市内蓄电池更换较方便,可以使用较小的蓄电池,电动车时速5～12公里,充一次电可以行驶100公里左右。价格应适中。

② 年轻人郊游使用:电动车时速可达25公里,使用较大蓄电池,充一次电可行驶200公里左右。价格可以偏高。

③ 家庭用车:供一般家庭接送孩子上学、购物使用。价格宜低廉。

4. 制定营销策略

最佳的产品概念确定之后,企业还要制定产品的营销策略。这个策略只是初步的,以后再逐步完善。营销策略通常由三部分组成:第一部分是描述目标市场的规模、结构,消费者的购物行为,新产品的市场位置,以及预计产品销售最初几年的销售量、利润率、市场占有率;第二部分是规划新产品的预期价格、分销渠道,以及第一年以促销为重点的营销预算费用;第三部分是阐述较长期的销售额和利润目标,以及不同时期的营销策略组合等。

5. 商业分析

商业分析是企业开发新产品具体方案的经营效益分析,也就是审核预计销售额、成本、利润等是否符合企业的经营目标,如不符合,就需要对原方案作进一步修正,或放弃这个方案。有了准确的销售预测,企业才能预计新产品的成本,并分析它是不是能盈利。

6. 研究试制

研究试制是将商业分析后的新产品概念送交研究开发部门或技术工艺部门,研制、选择产品模型或样品,并加以评价的过程,同时要进行包装的研制和品牌、服务的设计,直至说明书的设计。

样品制造出来后,还需要进行功能试验和消费者试验。功能试验通常在实验室或现场进行,主要检验产品的技术性能;消费者试验则是请一些消费者来试用样品,然后征求他们的意见。

7. 市场试销

市场试销就是小批量生产通过测试的产品,有计划、有目的地投放到小范围的市场上进行试验销售,了解新产品的市场反应,以决定是否大批量生产、进入商品化阶段。如若企业已通过其他方式了解了消费者对产品的意见,且新产品具有明确的市场需求替代时,可以省去试销阶段,在市场上直接销售(即全面商品化)。尽管并非每个企业、每个产品都需要进行试销,但实践证明,市场试销往往是产品开发过程中的重要环节。

8. 商品化

新产品试销成功,就可以大批量投产上市了。这时,企业需要投入大量的资金,用来购置设备和原材料,组织生产,同时还要培训推销人员,投放广告。因此,新产品推出初期,企业往往是亏损的。为了使新产品能成功推出,企业应注意以下几个问题。

(1) 投放的时机

企业一般选择对新产品以及原有产品线的产品最有利的时机,竞争对手毫无准备的时机,消费者最易于接受的时机来投放新产品。

(2) 投放的地区

企业一般选择先在某个主要地区推出新产品,取得立足点后,再逐步扩展到其他地区。因此,企业应该选择最有影响力的地区作为新产品推出的主要地区。

(3) 投放的目标

企业应针对最佳的顾客群推出新产品,利用他们的影响力,使产品迅速扩散。这些目标顾客群往往具有以下特征:他们是产品的最早使用者、大量使用者,是会对产品有好评的舆论领袖,是能以较低成本争取得到的消费者。

> **要点警句**
> 成功的企业适销的新产品不断。

四、新产品采用过程

在采用新产品的过程中,消费者接受商品具有"阶段性"。它包括既联系又有序的几个阶段,即知晓、兴趣、欲望、确信、成交。

知晓是消费者获取新产品信息的第一步,消费者开始知道有某种新产品的存在,企业应想方设法吸引消费者的注意,建立初步印象。消费者知晓的信息往往通过各种渠道获得。接着,产品和服务会引起消费者的注意,并且使消费者产生一定的兴趣,进而对该新产品或服务产生渴求的欲望,最后就正式付诸购买行动。

以上是消费者一般的心理活动过程,但不同的消费者采用新产品的态度也不同,因此,还得研究不同的消费者。有市场学者做了一些调查,将消费者采用新产品的情况按其态度分为五类:

① 最早采用者:又称领先者。这类人对新产品敏感、消息灵通、喜欢创新,约占消费者群

的2.5%,也被称作"消费先驱"。他们在购买中起示范作用,是企业推广新产品极好的目标。

② 早期采用者:这类人喜欢评论、好鉴赏,以领先为荣,约占消费者群的13.5%。

③ 中期采用者:这类人性格上较稳重,但接触外界的事物多,一般经济条件较好,愿用新产品,约占消费者群的34%。

④ 晚期采用者:他们与外界接触较少,经济条件差些,一般不主动采用新产品,而是得到大多数人证实其效用后方才采用,他们约占消费者群的34%。

⑤ 最晚采用者:又称保守型消费者。他们为人拘谨,对新产品总是持怀疑与反对态度,习惯势力强,只有待新产品已成传统式产品时才采用,他们约占消费者群的16%。

我们把新产品采用者的状况和商品的经济生命周期联系起来,进行综合分析,就可以清楚地看到,两者之间有很大的关联性。所以,商品处于试销阶段时,应将最早采用者视为营销对象,并重视其在购买中的示范作用;当商品进入畅销阶段时,就要抓住早期采用者和中期采用者,以扩大新产品的市场;当产品进入饱和阶段,中、晚期采用者(特别是晚期采用者)就成为主要的营销对象了;当产品进入滞销阶段时,企业的营销目标只能是最晚采用者。以上分析指的只是一般的、大致的情形,一种趋向的认识。

课堂练习

有人将自来水笔与圆珠笔合二为一,制成了一种新型的两用笔,这是(　　)。
A. 全新产品　　B. 革新产品　　C. 改进产品　　D. 新牌子产品

案例讨论

"李宁"的重塑之路

"李宁"是"体操王子"李宁在1990年创立的专业体育品牌。复盘"李宁"的发展,公司经历了"兴起—成长—危机—变革—复兴"的发展历程,站在大时代背景下折射出运动服装行业从渠道为王,向产品、品牌为王转变的缩影,期间也夹杂着专业运动和时尚运动的交替发展。

"李宁"持续优化主品牌核心品类的产品结构,满足消费者多元需求。其中,篮球品类根据消费者需求,将科技、球星资源、产品故事包裹进行整合,全面覆盖高中低端消费用户;跑步品类基于跑者的多层次需求,将专业跑鞋产品分类为竞速、弹速、保护和超轻四大板块;运动时尚方面,通过挖掘运动生活市场潜力,抢占市场先机,赢得消费者青睐。产品矩阵稳步扩张,同时精准匹配大众消费者市场需求,助力改善品牌市场份额。

"李宁"不断加快推出新产品,稳步提升生意中新品占比,助力生意效率。在细分领域精准匹配消费者需求,公司加速推出新品,配合渠道升级,助力零售流水增长。通过提升生意中新品占比,新科技植入配合品牌调性,有望推动吊牌价上浮,改善零售折扣现象,加速新品售罄,提升成交效率。

思考:

1. 何为新产品?新产品分为哪些类型?"李宁"推出的新产品属于哪类?
2. 学习本案例后,你得到哪些启示?

★★★★★ 本章汇总 ★★★★★

一、产品和产品组合

1. 产品的整体概念

产品是能够提供给市场、供使用和消费的、可满足某种欲望和需要的任何东西。它可以是有形的,也可以是无形的。

2. 产品的三个层次

产品分为实质产品、形式产品、附加产品三个层次。

3. 产品组合

① 产品组合的含义:指企业的经营范围和全部产品线、产品项目的组合搭配。

产品线是指由在使用价值、原材料、销售渠道、销售对象等方面比较接近的产品项目组成的一个个产品类别。

产品项目是产品组合中每一个具体的产品品种。

② 产品组合决策:一般是从产品组合的宽度、长度、深度和相关度方面做出决策。

产品组合的宽度(广度)指一个企业经营产品大类的多少。

产品组合的长度指企业有多少种不同的产品项目,也可指几条产品线的平均长度。

产品组合的深度指每条产品线中每种产品的花色、式样、口味和规格的多少。

产品组合的相关度(关联度)是指各产品线之间在最终用途、生产条件、分销渠道或其他方面相关联的程度。

③ 产品线长度决策,通常有以下两种途径:一是产品线延伸,也可称产品线扩展,包括向上延伸、向下延伸和双向延伸决策;二是产品线扩充,即在现有产品线的范围内增加档次相同的一些产品项目。

二、品牌与包装

1. 品牌与品牌决策

① 品牌的含义:品牌就是卖者给自己的产品规定的商业名称,通常由文字、图案、数字、标志和颜色等要素或这些要素的组合构成。

品牌名称是指品牌中可用语言表达即可发声的部分。

品牌标志是指品牌中可被识别而不能用语言表达的特定的视觉部分,包括专门设计的符号、图案、色彩、字体等。

商标是指受到法律保护的整个品牌或品牌中的某一部分。

② 品牌决策:品牌化决策(采用品牌和不采用品牌决策)、品牌归属决策(制造商品牌与经销商品牌决策)、家族品牌决策(个别品牌与统一品牌决策)、品牌延伸决策、多品牌决策、品牌重新定位决策。

③ 品牌命名和设计的基本要求:符合法律;暗示产品效用质量;醒目易记;有创意、有特色、有内涵;符合文化,为公众所喜闻乐见;商标设计跟上时代潮流,且保持相对稳定性。

2. 包装

① 包装的含义:指商品的容器或包装物及其设计装潢。

② 包装的作用:保护商品的使用价值,促进商品的销售,便于经营和消费,便于识别商品。

③ 包装设计的基本要求：独具特色、体现档次、便利消费、透明直观、真实无欺、安全卫生、美观艺术。

④ 包装的基本策略：统一包装、配套包装、再使用包装、分档包装、附赠品包装。

三、产品生命周期

1. 产品生命周期的概念

产品生命周期专指产品的经济寿命，是指新产品从开发、上市，在市场上由弱到强，又由盛转衰直到被市场淘汰为止的全过程。分为四个阶段：导入期、成长期、成熟期、衰退期。

2. 产品生命周期的型态

呈 S 型的典型状态，还有循环型、流行型、时髦型、扇贝型。

3. 产品生命周期各阶段的特点

产品生命周期各阶段呈现不同的特点。

4. 产品生命周期各阶段的营销策略

① 导入期营销策略——"准"：如果把价格和促销两个因素结合起来考虑，就有四种营销策略，即快速撇脂策略、缓慢撇脂策略、快速渗透策略、缓慢渗透策略。

② 成长期营销策略——"好"：对产品的质量、性能、式样、色彩及包装都应有相应的改进；加强市场调查，不断拓展新市场；广告宣传的重点转向劝说顾客购买；可适当削价促销，吸引对价格敏感的顾客，并抑制竞争。

③ 成熟期的营销策略——"改"：改革市场策略、改革产品策略、改革市场营销组合策略。

④ 衰退期的营销策略——"转"：集中策略、收割策略、放弃策略。

四、新产品开发

1. 新产品的含义

凡是能给顾客带来某种新的满足、新的利益的产品，都可称之为新产品。

2. 新产品的分类

新产品分为全新产品、革新产品、改进产品、新牌子产品。

3. 新产品开发的程序

新产品开发包括构思、筛选、形成产品概念、制定营销策略、商业分析、研究试制、市场试销、商品化等程序。

4. 新产品采用过程

① 消费者接受商品具有"阶段性"：知晓、兴趣、欲望、确信、成交。

② 消费者的种类：最早采用者、早期采用者、中期采用者、晚期采用者、最晚采用者。

第六章 定价策略

【学习目标】

通过本章内容的学习,能够全面熟悉和了解影响商品定价的基本因素,掌握商品定价的具体方法,进一步学会运用商品定价的策略技巧。

案例导引

胖东来的定价策略

胖东来是一家涵盖百货、电器、服饰的超市连锁企业,创建于1995年3月,总部位于河南省许昌市。自创办以来,始终坚守"文明经商、信誉至上"的经营方针,经过几十年的发展,胖东来已成为河南商界具有知名度、美誉度的商业零售企业,旗下有7 000多名员工、7家大型百货超市、1家大型电器专业卖场。

胖东来的商品价格是以成本价加上固定毛利率之后形成的,这种定价方法,首先保证了商场的盈利,同时在竞争日趋激烈的条件下,也缓和了与竞争对手的对抗。但如单纯使用这种方法,则不能适应市场需求的变化,很容易被对手在价格上抢占优势,因而它同时又采用了竞争导向定价法。

胖东来的竞争导向定价法在新时期相对来说被运用得比较多。开业初期,它采用低价策略成功打开市场后,下一步便是针对主要对手来制定价格。每周三公司都要派出大量人员外出采价,然后迅速汇总,在竞争导向定价法中,则主要运用了随行就市法。它以竞争对手的价格作为基础,稍微进行下调,从而既保证了价格优势,也不至于影响营业额。随着价格竞争的日趋激烈,胖东来开始趋向以成本导向定价为主,同时把价格的主要竞争集中在食品、服装、餐饮等品类,这样一方面保证了价格优势,另一方面也突出了商场的经营特色,迎合当前的市场发展趋势。

从该案例可以引出:
- 商品的定价策略不是一成不变的,会影响商品定价的因素有哪些?
- 胖东来采用了哪些定价方法?

本章可以帮助大家了解、掌握影响定价的因素、定价方法、定价策略等相应知识。

第一节　影响定价的因素

一、商品价格的作用

为了研究影响定价的因素，首先要分析商品价格的作用。

1. 商品价格是影响客户选购商品的主要因素

客户要求对商品定价的影响主要通过需求能力、需求强度、需求层次三个层面加以充分反映。①商品定价要考虑商品的价格是否适应客户的需求能力，即是否与客户的购买能力保持一定的平衡。②需求强度是反映客户想要获取某种商品的程度，如果对某种商品的需求迫切，则对价格不敏感，企业在定价时，可定得高一些，反之则低一些。③不同需求层次对商品定价也有不同认识，如：需求层次高的客户，对商品价格的敏感度往往低于需求层次低的客户对商品价格的敏感度。企业应针对不同层次的客户实施高价和低价策略，以满足不同层次客户的需求。

2. 商品价格是营销组合中的重要因素

商品价格是企业营销组合的一个重要组成部分。在营销组合 4Ps 中，价格是若干营销变量中作用最为直接、见效最快的一个变量。作为见效快、投入少的手段，其运用效果在很大程度上取决于价格策划的质量，包括价格的定位是否恰当，是否能协调处理好各种价格关系，是否能有效组织企业和社会资源等。

3. 商品价格对企业经营的成败有决定性影响

商品价格的高低直接关系到企业所能获得的经济利益的大小，价格越高，利益越大；反之，利益越小。同时企业经营活动的市场效果、市场占有率大小、市场接受产品的速度、企业产品在市场中的形象等，均与商品价格有着密切的关联。因此，科学、合理的商品价格往往是决定企业经营成败的重要因素。

例如，在全国一些主要大城市中，电力部门为充分利用发电设备的功能，实行白天和夜间分别计费制，申花集团利用这一市场契机，适时推出"申花保温王热水器"，从而赢得市场。"申花保温王热水器"加热后保温时间很长，因此居民可在夜间插电加热，白天使用。这样居民虽然是白天使用热水，但支付的却是夜间的低电费。这一事实说明了居民对电价的一种敏感反应。

又如，有些大型超市实行天天低价的定价战略，吸引了大量顾客。由于进货量大、顾客多，即使售价比别人便宜，也照样生意兴隆、利润增长。这一事实说明了商品价格的确定会给企业带来决定性影响。

> **要点警句**
> 在激烈竞争的市场中，合理的商品价格是企业赢得竞争最有效和最直接的手段。

二、影响定价的因素

影响企业定价的因素有内部因素（包括定价目标、营销组合策略、商品成本、企业定价组织）和外部因素（包括市场与需求、竞争者的价格、环境），如图 6-1 所示。

图 6-1 影响企业定价的因素

1. 内部因素

（1）定价目标

企业在组织和实施各种经营活动之前,必须建立一个与企业营销总目标相一致的定价目标。由于企业所处的内外环境不同,因此,企业的定价目标也不尽相同。从一般情况分析,定价目标有以下六种。

1) 利润最大化

追求最大利润,是企业的共同目标,这是因为它是企业赖以生存和发展的前提。但利润最大化并不一定说明企业要实施最高定价政策。若定价过高,消费者承受不了,产品销路受阻,反而不能实现相应利润,各种替代商品和竞争者由此介入,使企业失去有利地位。企业利润最大化取决于合理的价格所推动产生的市场需求和销售规模。

2) 提高市场占有率

市场占有率又称市场份额,是指一个企业在某种商品的销售额(量)占同一时期内市场上的总销售额(量)的比率。市场占有率是企业经营状况和商品竞争能力的综合反映。较高的市场占有率可以保证企业商品的销路,便于掌握消费者的需求变化,企业经营效率高、成本低,就能为企业带来较高的长期利润。所以,企业一般尽量保持或增加市场占有率,并且以此作为定价目标之一。

> **趣味讨论**
>
> 既然市场占有率表明本企业商品销量与该行业销售总量的比率关系,那么企业为提高市场占有率就应该无限制提高销量,你认为这种说法对不对?

3) 预期收益

预期投资收益率是指利润与投资总额的比率。企业所投入的资金,都期望在预期的时间内分批收回。因此,企业在定价时,一般在总成本费用之外加上一定比例的期望盈利,以预期收益为定价目标。在具体运用时,应考虑企业在市场中所处的地位,如果处于领导地位,则容易达到目标;否则,定价太高会遭到用户的排斥。当然,定价也不能太低,以免影响企业的经营发展。

4) 适应价格竞争

在激烈的市场竞争中,无论企业规模大小,对于竞争者的价格都很敏感。实力雄厚的大企业能够左右市场价格,为保持自己的地位,往往以稳定商品的市场价格为主要目标,当商品的成本或市场出现较大变化时,大企业带头调整价格以适应市场的变化,而小企业一般只能被动地与大企业的价格保持一定的比例。

当某些企业有意识地通过定价去应付和避免竞争,采取以击败竞争对手为目的,或阻止新的竞争对手出现时,则往往采用低价格竞争的手段力争独占市场,制定对企业有利的价格。例如,长时间的价格战对新能源汽车销量产生的影响,给市场中的大部分车企带来了不小的压力。而在进入到"金九银十"这个传统销售旺季后,战况愈演愈烈,又有不少车型投身庞大的价格大战中。其中,除了直接降价这种促销手段之外,有一些车企选择让新车上市即降价,与预售价格相比便宜不少。当然也有车企选择了一步到位,从预售开始就直接打出"骨折价"。另外,还有部分车企选择在已有车型上推出新配置、新版本,或通过削减部分配置让价格变得更加亲民。

5)维持生存

维持生存是企业处于不利竞争中实行的一种特殊的过渡性目标,目的是使企业能够继续生存。当企业遇到商品成本提高、竞争加剧、价格下跌的冲击时,为避免倒闭,往往以保本价格,甚至亏本价格出售商品,只求能够维持生产或经营,等待形势好转或新产品问世,一旦出现转机,即以其他的定价目标取代。

6)保护环境

随着环境保护意识的增强,消费者对商品的使用所引发的环境问题给予了越来越多的关注,使得越来越多的企业开始用"绿色"的眼光来开发、生产和销售商品。因此,企业定价时,需要把用于环境保护和资源消耗的费用支出计入商品成本,而使商品的价格有所提高。

(2)营销组合策略

价格是营销组合的因素之一。企业的定价策略必须与商品的整体设计、分销和促销策略相匹配,形成一个合理的营销组合。为了使中间商乐于经营企业的商品,应在价格中包含一个折扣比率,使中间商有利可图。

企业通常先制定价格策略,然后根据价格策略再制定其他营销组合策略。例如,日本本田汽车公司首先研究了低收入阶层所能接受的价格范围,然后在这个范围内设计了一种低档汽车。价格是商品市场定位的主要因素,价格不仅决定了商品的目标市场、商品设计,还决定了商品具有什么特色以及生产成本的高低。在这种情况下,其他营销组合因素的决策,都要以定价策略为中心。如果商品是在非价格因素的基础上定位的,那么,有关商品质量、促销、分销等方面的决策,就会影响定价决策,定价时就要以其他营销组合因素的策略为依据了。总之,定价策略是不能脱离其他营销组合因素而单独决定的。

(3)商品成本

商品成本是商品价格的最低限度,商品价格必须能够补偿商品生产、分销和促销的所有支出,并补偿企业为商品承担风险所付出的代价。因此,成本是影响定价决策的一个重要因素。许多企业力图降低成本,以期降低价格,扩大销售和增加利润。如果企业某种商品的成本高于竞争者的成本,那么该商品在市场上就会处于十分不利的竞争地位。

商品成本有两部分:一是固定成本,指折旧费、房地租、办公费用和管理人员报酬等相对固定的开支,它不随产量和销量的变动而变动;二是变动成本,指原材料、工人工资等随产量的变动而变动的成本。两者之和即商品的总成本。商品的价格要能够弥补其总成本。由于商品成本随产量变动而变动,并且与企业的生产能力有密切关系,因此定价决策要考虑商品成本的影响。

(4)企业定价组织

企业定价权限须由专门决策机构负责并加以实施。各企业做法不尽相同。小型企业通常由最高层管理者负责定价;大型企业则可由专门部门负责定价;在经营产业用品的企业中,商品的销售价格由销售部门负责定价或由推销人员与用户在一定幅度内协商议定。无论何种情况,企业的高层管理人员都应负责确定定价目标,并听取基层管理人员或推销人员的意见。在一些生产或经营重要商品的大型企业中,应当建立专门的定价机构,该机构与企业的最高管理者和营销部门直接联系,专门负责定价工作。

2. 外部因素

（1）市场与需求

成本决定了商品价格的最低限度,而商品价格的最高限度则取决于市场与需求。因此,在定价决策时,必须了解商品价格与市场和需求之间的关系。

1）在不同市场结构条件下的定价

市场结构不同,定价的客观环境也不同。市场结构可分为以下四种类型：

① 完全竞争：又称纯粹竞争,是指一个不受任何阻碍和干预的市场。在这种条件下,价格是在竞争中由整个行业的供求关系自发决定的,商家没有决定权。

② 完全垄断：指整个行业的市场完全为一家卖主所独占,可以是政府垄断或政府特许的私人垄断。在这种条件下,垄断者可根据自己的生产或经营目标在法律允许的限度内自由定价。

③ 垄断竞争：指一种既有垄断又有竞争,即介乎完全竞争和完全垄断之间的市场结构。这种垄断是指由于商品差别（商标、质量、特色等）的存在,每一个生产者都对自己的商品有垄断权,但同时可替代的同类商品的生产者又为数众多,彼此之间展开激烈的竞争。在这种条件下,每一个生产或经营者都是其商品价格的制定者,都有一定程度的定价自由。

④ 寡头垄断：指介乎完全垄断与垄断竞争之间的一种市场结构,指由为数不多的几家大企业供给该行业的大部分商品,因而它们对市场价格和供给量都有决定性的作用。在这种条件下,价格往往不是由供求关系直接决定,而是由少数寡头垄断者协商操纵的,称为"操纵价格"。这种价格比较稳定,价格竞争趋于缓和。

2）在不同理解价值条件下的定价

评判商品价格是否合理的是消费者。企业在定价时必须考虑消费者对价格的理解及这种理解对购买决策的影响。换言之,定价策略必须以消费者为中心。消费者在选购时,总是要将价格同商品实际价值相比较。因此,了解消费者对商品价值的理解很重要。价值可分为商品的实际价值和消费者个人所理解的商品价值。例如,消费者在饭馆用餐,对饭菜价值的估计比较容易,但对其他方面的价值（如：服务、环境等）就不那么容易了,不同的人会有不同的认识和理解。因此,企业定价时,既要考虑商品价值,同时又要考虑消费者对商品价值的理解程度。

3）不同定价与需求关系

一般情况下,企业每制定一种商品价格,需求量都会发生不同程度的变化。通常,价格与需求量呈反比关系,即价格越高,需求量越少,价格越低,需求量反而越大。

4）需求的价格弹性

在价格与需求的关系方面,营销者还需要了解需求的价格弹性。需求的价格弹性是指商品价格变动对需求量变动的影响,用公式表示如下：

$$需求的价格弹性 = \frac{需求量变动的百分比}{价格变动的百分比}$$

即：

$$E = \left| \frac{(Q_2 - Q_1)/Q_1}{(P_2 - P_1)/P_1} \right|$$

式中：Q_1 为原需求量；
Q_2 为变动后的需求量；
P_1 为原价格；
P_2 为变动后的价格；
E 为需求的价格弹性。

当 $E>1$ 时，则富有弹性或弹性大，说明需求量的变动幅度大于价格的变动幅度。此时可通过降低价格、薄利多销达到增加盈利的目的；反之，提高价格要谨防需求量减少，影响企业利润。

当 $E<1$ 时，则缺乏弹性或弹性小，说明需求量的变动幅度小于价格的变动幅度。此时企业如提价或降价会引起需求量较小程度的减少或增加，一般采用提高价格策略，以增加企业盈利。

当 $E=1$ 时，则为标准需求弹性或弹性单一，说明需求量的变动幅度与价格的变动幅度相等。此时，价格上升（或下降）会引起需求量等比例减少（或增加），因此价格变化对销售收入不会产生较大影响，一般采用市场通行的价格或预期收益率为目标的价格。

（2）竞争者的价格

竞争者的商品价格对本企业商品价格也存在一定影响。企业为了巩固自己的竞争地位，需要了解每个竞争者所提供商品的价格与质量，可派出专人到市场上去调查比较，搜集竞争者的价目表或买回竞争者的商品进行研究，还可征询顾客对各种品牌的质量和价格的意见。企业在定价时应参照竞争者的商品和价格，如果自己的商品与主要竞争者的商品相类似，则必须使价格与之近似，否则，若相差悬殊必定会失去市场；如果比竞争者的商品质量低，那就应定较低的价格，反之则可定较高的价格。

（3）环境

企业定价时还必须考虑到环境因素。国内或国际的经济是否通货膨胀、经济是繁荣或是萧条、利率是高是低等，都会影响企业定价。因为这些因素影响着生产或经营成本和顾客对商品价格的理解。另外，政府的有关政策法令也是影响企业定价的一个重要因素。

课堂练习

某企业生产或经营消费者购买频率较低的商品，该企业有相当的生产或经营能力，故降低商品价格以获取相应盈利，此类商品的需求价格弹性为（　　）。
A. $E>1$　　　　B. $E<1$　　　　C. $E=1$

第二节　定价方法

一、成本导向定价法

1. 成本导向定价法的含义

成本导向定价法是指以商品总成本为基础，加上一定预期利润和应缴纳税金而确定的销售价格。

2. 成本导向定价法的基本类型

(1) 成本加成定价法

这种定价法是指在确定单位商品成本的基础上加上一定比例的毛利而确认的商品价格。

基本公式为：

$$商品价格 = 单位商品成本 \times (1 + 成本加成率)$$

例：某企业生产销售某种商品，其固定成本为 20 000 元，变动成本为 16 000 元，销售为 8 000 件，成本加成率为 25%，则该商品价格为多少？

解：

$$\begin{aligned}商品价格 &= 单位商品成本 \times (1 + 成本加成率) \\ &= \frac{固定成本 + 变动成本}{销售量} \times (1 + 成本加成率) \\ &= \frac{20\,000 + 16\,000}{8\,000} \times (1 + 25\%) \\ &\approx 5.63 (元/件)\end{aligned}$$

这种定价法的优点是简便易行，对卖方"将本求利"公平合理。企业可根据市场情况，适当调高或调低相应加成比率，以减少或缓和价格竞争。其缺点是不能确切预测该商品的市场需求量，只从卖方的角度考虑，忽视了消费者对该商品的价格需求。

(2) 损益平衡定价法

这种定价法是指以收入与支出或成本相抵，利润为零时所确定的商品价格。

基本公式为：

$$商品价格 = \frac{固定成本 + 变动成本 \times 损益平衡销量}{损益平衡销量}$$

当企业欲取得一定的目标利润时，则上述公式修正为：

$$商品价格 = \frac{固定成本 + 变动成本 \times 损益平衡销量 + 目标利润}{损益平衡销量}$$

例：某企业生产销售某类商品的固定成本为 40 万元，单位变动成本为 3 元，损益平衡销量为 18 万件，则该商品价格为多少？

解：

$$\begin{aligned}商品价格 &= \frac{400\,000 + 3 \times 180\,000}{180\,000} \\ &\approx 5.22 (元/件)\end{aligned}$$

如果预计未来可获利润为 20 万元，则计算销售价格为：

$$\begin{aligned}商品价格 &= \frac{400\,000 + 3 \times 180\,000 + 200\,000}{180\,000} \\ &\approx 6.33 (元/件)\end{aligned}$$

这种定价法的优点是一旦价格确定后，企业就能明确知道损益数量，做到心中有数。其缺点是它同样忽略了消费者市场动态，摆脱不了立足企业的着眼点。

(3) 目标贡献定价法

这种定价法又称为变动成本定价法或边际贡献定价法，是指以单位变动成本为基础，加上单位边际贡献而确定的商品价格。

基本公式为:

$$商品价格 = 单位变动成本 + 单位边际贡献$$

或:

$$商品价格 = \frac{变动成本 + 边际贡献}{商品销量}$$

上述公式中,边际贡献就是销售收入减去变动成本后的收益。当边际贡献分别大于、等于或小于零时,企业会出现盈利、保本或亏损等三种情况,这三种情况决定了企业定价的依据。

例:某企业生产销售某商品 2 万件,固定成本为 6 万元,变动成本为 12 万元。经营 3 万件时,变动成本增至 18 万元,每件商品价格为 16 元。某客户在订购 2 万件商品的同时,提出再订购 1 万件,但价格必须是原价格的七成。试问该企业是否愿意降价销售?

解:对于上述例题,我们必须先计算出销售 2 万件时企业所获利润:

$$单位商品利润 = 单位商品价格 - \frac{固定成本 + 变动成本}{销售量}$$

$$= 16 - \frac{60\,000 + 120\,000}{20\,000}$$

$$= 7(元/件)$$

$$利润总额 = 单位商品利润 \times 销售量$$

$$= 7 \times 20\,000 = 140\,000(元)$$

说明企业有利可图,可获利润 140 000 元。

由于市场竞争激烈,对方提出降价销售的意见,该企业在没有改变原经营规模的条件下是否愿意接受呢?可以通过计算来得出结论:

$$单位商品利润 = 16 \times 0.7 - \frac{60\,000 + (180\,000 - 120\,000)}{10\,000} = -0.8(元/件)$$

$$商品利润 = -0.8 \times 10\,000 = -8\,000(元)$$

利润出现了负数。从表面上来看,这一情况对该企业本身不利,但进一步深入探究,不难发现,上述的负数利润已经考虑了固定成本,而这一固定成本已得到补偿或回报,故造成假象。为了进一步拓展业务销售,必须改变计算方式,采用边际贡献定价法:

$$单位边际贡献 = 单位商品价格 - 单位变动成本$$

$$= 16 \times 0.7 - \frac{180\,000 - 120\,000}{10\,000}$$

$$= 5.2(元/件) > 0$$

边际贡献大于零,说明客户再订购 1 万件,要求价格打七折,对该企业来说也是可行的。那么究竟降价到什么程度,才算极限价格呢?极限价格就是单位商品变动成本,为:

$$极限价格 = \frac{120\,000}{20\,000} = 6(元/件)$$

如销售价格小于 6 元/件，那么对该企业将产生重大不利。

> **要点警句**
> 企业定价的最低极限是单位变动成本。

二、竞争导向定价法

1. 竞争导向定价法的含义

竞争导向定价法是指参照竞争对手的商品价格确定企业商品价格的一种定价方法。

2. 竞争导向定价法的基本类型

（1）随行就市定价法

这种定价法是根据某类商品的行业价格标准或市场平均价格水平作为企业定价的一种方法。这种方法简便易行，适用于完全竞争型的商品。在完全竞争的市场上，销售同类商品的各个企业在定价时实际上没有多少选择余地，只能按照行业现行价格来定价，如果把价格定得高于市价，商品就销不出去，反之，把价格定得低于市价，则可能遭到削价竞销。

（2）拍卖定价法

这种定价法是由经营者预先发表公告，展出被拍卖物品，要货者预先看货，在规定时间进行公开拍卖，由要货者公开竞争叫价。当不再有人竞标时，在场的最高价格即为成交价格，经营者以此价格与消费者拍板成交。

> **趣味讨论**
> 在生活中，我们经常能从电视或网络上看到有关商品拍卖的新闻，你能说出商品拍卖的业务流程吗？

（3）密封投标定价法

这种定价法是由卖方公开招标，买方竞争投标、密封定价，卖方择优选取，到期公布"中标"者名单，中标企业与卖方确定成交的一种定价方法。这种方法适用于建筑包工、大型机器设备制造、政府大宗采购等。一般来说，定价越高，利润越大，但中标机会小，如果因价高而招致失败，则利润为零；反之，定价低，虽中标机会大，但利润低，其机会成本可能大于其他投资方向。因此，报价时，既要考虑企业的目标利润，也要考虑得到合同的机会。一个符合逻辑的出价标准是如何定出一个能获得最大期望利润的定价。

三、需求导向定价法

1. 需求导向定价法的含义

需求导向定价法是指以市场中现实的消费者可以接受的价格为依据来确定商品价格的一种定价方法。

2. 需求导向定价法的基本类型

（1）理解值定价法

这种定价法又称认知价值定价法或感受价值定价法，是指根据消费者对商品或服务项目价值的不同感觉或感受来制定价格的一种定价方法。

由于商品本身确立了一种价值,这种价值对消费者在购买行为过程中产生了一种质量、用途、款式、原料、声望及服务质量的反映,消费者往往自觉或不自觉地估计商品的价格。这种价格则被认为是一种消费者的理解值或可接受价格。理解值定价的关键是企业必须对消费者的反映程度或理解程度做出正确估计,避免造成估计过高或过低的不良现象。

(2) 习惯定价法

这种定价法是根据长期被消费者接受和承认的,已成习惯的商品价格来确定价格的一种方法。

由于消费者长期使用某类商品,产生了固有印象,客观上造成了对该商品质量和价格的深刻理解。企业以此为根据,在从事新商品的经营之际,只要该商品的基本功能和用途、款式等没有重大改变,消费者往往只愿意按以往商品价格购买此类商品。经营者对该商品的价格一般不能轻易改变,若减价会引起消费者对商品质量的疑虑;反之,涨价则会影响市场销路。

课堂练习

有些消费者在购买商品时,往往会考虑到该商品的品牌历史、消费理念、商品品质等因素。企业针对这一市场现象而采取的相应价格决策方法是(　　)。

A. 习惯定价法　　　　B. 随行就市定价法　　　　C. 理解值定价法

第三节　定价策略

一、新商品定价策略

1. 取脂定价策略

取脂定价策略也叫高价策略,是指新商品在上市初期制定较高的价格,以便在短时期内获得最大利润的一种策略。

取脂定价策略是一种短期化行为,它不是在任何时期和条件下都可运用的。一般在具备以下条件时采用:①商品质量与高价格相符合;②有既定的市场范围或份额,即目标市场;③该商品具有独特的专门技术,科技含量较高,有专利保护,或不易被仿制;④竞争者在短期内不易打入该商品市场。

这种定价策略的优点是:①利用顾客的求新心理刺激消费;②由于价格偏高,在短期内可取得较大利润;③在竞争者大量进入市场时,便可主动降价,增强竞争能力。其缺点是:①高价不利于打开市场,甚至会无人问津;②如果市场销路旺盛,很容易引来竞争者,导致竞争加剧。

趣味讨论

新手机上市,制造商经常采用取脂定价策略来推销其商品,为什么?

2. 渗透定价策略

渗透定价策略与取脂定价策略恰好相反,是指新商品在上市初期制定较低的价格,以便商品迅速渗透市场、扩大市场份额的一种策略。

渗透定价策略由于价格较低,一方面能及时打开商品销路,占领市场,另一方面又能阻止竞争对手介入,有利于控制市场。采用此策略应具备以下条件:①商品需求弹性大,市场对价格敏感;②具有强劲的经营能力,成本随销量上升而下降;③商品特点不明显或不突出,容易被仿制,技术水平低。

这种定价策略的优点是:①利用低价格可以迅速打开商品销路,占领市场;②可以阻止竞争者进入市场,有利于控制市场。其缺点是:风险大,一旦渗透失利,企业将会一败涂地。

3. 满意定价策略

满意定价策略是一种在定价上处于高价与低价之间的,既能使消费者容易接受又能确保企业获取初期利润的策略方法。这种价格策略稳妥,风险小,是一种保守型定价策略。

二、差别定价策略

差别定价策略是指对同一商品根据不同的情况或条件,采用两种以上不同价格的一种策略方法。

差别定价法有以下五种:
① 不同购买对象的定价:比如对不同的购买者可确定不同的价格。
② 不同地理位置的定价:比如不同等级的商业地区所经营的同类商品价格不一。
③ 不同购买时间的定价:比如在旺季和淡季、节假日、双休日等确定不同的价格。
④ 不同商品式样或制式的定价:比如不同颜色服装的商品价格不一。
⑤ 不同需求场所的定价:比如影剧院内不同座位可确定不同的价格。

三、心理定价策略

心理定价策略是指根据消费者不同的消费心理而制定价格,以引导和刺激购买的价格策略。

1. 整数定价策略

整数定价策略迎合了消费者在购物时容易记住价格,方便对不同商品进行价格比较,避免找零麻烦的心理,这种定价策略往往针对高档商品、名牌商品、大件商品等。

2. 尾数定价策略

尾数定价策略是针对消费者正确计价的心理而制定价格的一种策略。这种价格能够使消费者产生定价是经过精确计算、价格比较便宜的心理。这种方法往往适用于日用廉价消费品。

3. 声望定价策略

声望定价策略是根据消费者"价高质必优"的心理和在消费者心目中商品的信誉和声望而制定价格的策略。这种方法适合于那些具有悠久经营历史的商品,历史名人曾使用过的名牌商品,在某商品博览会上获奖的商品,或流行商品等。

4. 招徕定价策略

招徕定价策略是根据消费者对某商品长期认同而又尚未购买的心理,进行适当降价,招徕消费者购买,从而推动和扩大其他商品销售的一种策略。这种策略适用于市场疲软时或

微课讲解
心理定价策略

销售淡季。

> **要点警句**
> 定价策略是一种技巧的运用,其基本点是市场的具体反应,是企业与市场的最佳结合。

四、折扣定价策略

1. 现金折扣策略

现金折扣策略是指企业给那些及早付清货款的消费者以价格折扣的定价策略。例如,消费者在 30 天内必须付清货款,如果 10 天内付清货款,则给予 2% 的折扣。

2. 数量折扣策略

数量折扣策略是指卖方因买方购买数量大而给予价格折扣的一种定价策略。数量折扣有非累进折扣和累进折扣两种:①非累进折扣是规定顾客在一次购买达到一定数量或购买多种商品达到一定的金额时所给予的价格折扣。②累进折扣是规定在一定时间内,顾客购买总数超过一定数额时,按总量给予一定的折扣。数量折扣引导顾客向特定的卖方购买,而不是向多个供应商购买。

3. 功能折扣策略

功能折扣策略又叫交易折扣策略,是指制造商根据中间商在市场流通中担负的不同职能,对其给予不同价格折扣的定价策略。其目的在于刺激各类中间商充分发挥其在商品流通中的商业功能。例如,制造商报价"100 元,折扣 20% 及 10%",表示给批发商折扣 20%,给零售商折扣 10%,即卖给批发商的价格是 80 元,卖给零售商的价格是 90 元。

4. 季节折扣策略

季节折扣策略是指企业给予在淡季购买商品的客户以价格折扣的定价策略。这在季节性明显的行业中被广为采用,目的是鼓励批发商、零售商和消费者在淡季购买商品,有利于产品的均衡生产,以减少厂商的仓储费用,加速资金周转。

五、地区定价策略

1. 原产地定价策略

原产地定价策略又称离岸价格策略,是指卖方负责将商品装运到原产地某种运输工具上交货,并承担此前一切风险和费用,并由买主负责全部的运杂费和承担运输途中损失风险的一种定价策略。这种方法常用于运输费用和风险均大的商品。

2. 统一交货定价策略

统一交货定价策略是指企业针对不同地区的客户实行统一定价并加上不同运费的定价策略。

3. 区域定价策略

区域定价策略是指把商品的销售市场划分为几大区域,在每个地区内实行统一定价的定价策略。一般来说,较远的地区定价高些,反之则定价低些。

4. 销地定价策略

销地定价策略又称买主所在地定价策略或到岸价格策略,是指卖方实行统一送货,承担运输和保险费用而确定价格的定价策略。这种策略适用于运费和风险较低的商品。

六、相关商品定价策略

相关商品定价策略又称产品线定价策略,是指针对整个产品线制定价格的定价策略。如果企业生产或经营两种互为替代的商品,为了增加一种商品的销售量,可以把另一种商品的价格定高。尽管这种定价对后一种商品的销售量不利,但对整个企业利润的增加可能是有益的,如提高畅销品的价格,降低滞销品的价格,可以扩大滞销品的销路,增加企业的总盈利。如果两种商品是互补品,为了增加其中一种产品的销售量,应降低另一种商品的价格,直至降到成本水平。通常是降低购买频率低、需求弹性高的商品的价格,同时提高购买频率高、需求弹性低的商品的价格,使企业两种商品总的经营效果达到最佳。

七、系列定价策略

系列定价策略又称为分档定价策略,是指按商品不同档次、等级分别定价,形成系列价格的定价策略。一般而言,同类产品总有很多规格和型号,其成本也各有不同,如果机械地按成本加成定价,则所定价格的种类过多,不利于买卖双方的交易。于是,一些零售商店把众多规格的商品分成少数几档,每档商品定一个价格,这样既为买卖双方省去不少麻烦,又不至于影响企业利润。

课堂练习

我国足球职业联赛已连续举办十多年,在每场足球比赛中,出售的足球门票均有多种价格,这种价格策略被称为( )。

A．心理定价策略 B．系列定价策略 C．差别定价策略

餐厅的晚餐

第一步:以下是一家餐厅的点餐单,请同学们根据自己的喜好为自己点一份晚餐。

第二步:在餐饮界流行两种餐食定价加成法:一种为目标价格=成本×(1+60%);另一种为目标价格=成本×(1+300%),试运用上述定价法逆推你在该餐厅吃一顿晚餐的话,该餐厅的成本和利润分别是多少,填写表6-1。

表6-1 成本和利润的计算表

餐厅定价	晚餐菜单	合计花费	餐厅成本	餐厅利润
目标价格=成本×(1+60%)				
目标价格=成本×(1+300%)				

味好美餐厅

凉菜类
黄瓜拌海蜇 22元　　石花菜凉粉 16元
蒜泥拌蜇头 28元　　蒜泥黄瓜 20元
凉拌海带 15元　　黄瓜拌海米 20元

素菜类
红烧茄子 22元　　麻辣豆腐 18元
清炒油菜 18元　　红烧豆腐 18元
海米油菜 22元　　炒海带 18元
西红柿炒蛋 18元　　酸辣土豆丝 12元

荤菜类
鱼香肉丝 28元　　红烧排骨 38元
铁子鸡块 35元　　特色蛤蜊鸡块 45元
糖醋里脊 35元　　葱爆羊肉 45元
辣大肠 35元　　海带炖肉 20元

特色面食
三鲜水饺 25元/盘　　大虾面 28元
鲅鱼水饺 28元/盘　　海鲜面 22元
墨鱼水饺 38元/盘　　炸酱面 12元
黄花鱼水饺 38元/盘　　鸡蛋面 12元
全家福水饺 48元/盘　　排骨米饭 20元
扬州炒饭 15元　　蛋炒饭 12元
　　　　　　　　　　米饭 2元/碗

汤类
海鲜汤 28元　　蛎蟥豆腐汤 35元
紫菜蛋汤 18元　　西红柿蛋汤 18元

第三步：试判断哪一种定价法适合中低档餐厅，哪一种定价法适合相对高档的餐厅。

思考与讨论：

结合案例，分析企业如何开展定价决策。

★★★★★ 本章汇总 ★★★★★

一、定价影响因素

① 作用：客户选购商品的主要因素、营销组合中的重要因素、对企业经营活动成败有决定性影响。

② 主要因素：定价目标、营销组合策略、商品成本、企业定价组织、市场与需求、竞争者价格、环境等。

二、定价方法

定价方法有成本导向定价法、竞争导向定价法、需求导向定价法等。

三、定价策略或技巧

定价策略有新商品定价策略、差别定价策略、心理定价策略、折扣定价策略、地区定价策略、相关商品定价策略、系列定价策略等。

第七章 渠道策略

【学习目标】

通过本章内容的学习,能够在熟悉分销渠道的基本概念与类型的基础上,了解和掌握中间商的种类及如何选择分销渠道,同时进一步理解商品实体分配的基本内容。

案例导引

"大白兔奶糖"的渠道策略

"大白兔奶糖"首先是通过媒体广告让大众了解产品,然后通过线下代理批发零售,最后通过网店渠道,向全世界销售。"大白兔奶糖"在日常销售中意识到新零售市场的重要性,为满足消费者多样化、便捷化的购物需求,"大白兔奶糖"搭建了自有电商平台,并入驻各大电商平台,来满足消费者随时随地购买大白兔奶糖的需求。同时,在线下销售渠道"大白兔奶糖"也在积极拓展并确保每一位顾客都能够享受到完美的购物体验。

为了接触到不同年龄层的客户群体,打入"年轻人内部","大白兔奶糖"积极开设线下联名店、快闪店、主题空间等渠道,在品牌诞生 60 周年之际,"大白兔奶糖"更是开启了城市巡展,以期扩大品牌影响力。

从该案例可以引出:
- "大白兔奶糖"运用的是间接分销渠道。
- 商品可以通过不同的渠道最终进入消费者手中。
- 在营销活动中,渠道是多种多样的,不同的商品可以选择不同的渠道。

本章可以帮助大家了解、掌握分销渠道的概念与类型、中间商、分销渠道的选择与管理、商品实体分配等相应的知识。

第一节 分销渠道概念与类型

一、分销渠道的基本概念

1. 分销渠道的含义

分销渠道是指产品从制造商转移到消费者所经过的各中间环节连接起来所形成的通道。

2. 分销渠道的特征

首先,分销渠道的起点是制造商,终点是最终顾客。制造商往往是指商品的生产者,如:IBM 公司、海尔公司、杉杉服饰公司等。最终顾客指的是具体商品的使用者或消费者。

其次,分销渠道是由参与商品流通过程的各种类型的机构或人所组成的。具体表现为制造商、代理商、批发商、零售商和顾客。

最后,分销渠道中存在着五种以物质或非物质形态运动的"流"。具体如图 7-1 所示。

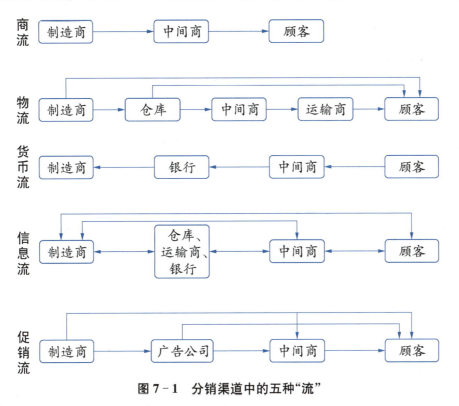

图 7-1 分销渠道中的五种"流"

> **趣味讨论**
>
> 啤酒是怎样进入千家万户的?请用流程图加以说明。

参与商品渠道的各企业的职能各不相同,制造商的职能是市场调查、设计商品、生产商品;中间商的职能是需求调查、组织商品流通、采购与销售。

在商品实际流通过程中,制造商、中间商和顾客三者之间针对某一商品的最终消费,不可避免地采用协商、讨价还价等形式,最终达到符合三方经济利益的要求而实现商品的使用价值。因此,他们之间存在共同利益关系。

3. 分销渠道的意义

分销渠道是实现商品销售的重要途径,是企业了解和掌握市场需求的重要来源,是合理经营和提高经济效益的重要手段。

> **要点警句**
> 分销渠道是由各成员企业组成的,中间存在着物质或非物质形态运动的"流"。

二、分销渠道的类型

1. 直接渠道和间接渠道

（1）直接渠道

直接渠道是指生产企业不通过流通领域的中间环节,采用产销合一的经营方式,直接将商品销售给顾客的渠道。

直接渠道也是最短的渠道。

（2）间接渠道

间接渠道是指商品从生产领域进入至顾客或消费领域前,需经过若干中间商的分销渠道,是一种多层次结构的分销渠道。

间接渠道中如果中间商只有一个,称之为短渠道;如果多于一个,称之为长渠道。

（3）两者的区别

直接渠道与间接渠道的区别见表 7-1。

表 7-1 直接渠道和间接渠道

类　型	中间商	产销关系	适用商品
直接渠道	无	产销合一	鲜活商品、体大笨重商品
间接渠道	有	产销分离	日用消费品

2. 宽渠道和窄渠道

（1）宽渠道

宽渠道是指制造商通过较多的同类型中间商分销其商品,分销面广泛。

例如,饼干制造商可以通过食品店、超市、大卖场、便利店等很多零售企业将饼干销售给消费者。

（2）窄渠道

窄渠道是指制造商通过较少的同类型中间商分销其商品,分销面狭窄。

例如,轿车的销售,一般由轿车销售公司实施销售行为,或由轿车制造商认定的特约轿车销售公司实施销售行为,因此轿车销售点对顾客来讲相对较少。

（3）两者的区别

宽渠道和窄渠道的区别见表7-2。

表7-2 宽渠道和窄渠道的区别

类　　型	同类型中间商	分销面	适用商品
宽渠道	较多	广泛	生活必需品
窄渠道	较少	狭窄	专业用品

3. 根据中间商的数量来分

（1）密集型分销

这是指生产制造商尽可能通过许多中间商或分销点销售其商品。这类商品市场需求面广，顾客要求购买方便，一般较少重视品牌。

这种方式的出发点是扩大市场占有率、快速进入一个新市场，适用于日常消费品。

（2）选择性分销

这是指生产制造商在同一目标市场或在某一地区精心挑选若干中间商销售其商品。顾客在购买此类商品时，往往带有选择性或挑选性，注重品牌、品质和制造商。

这种方式的出发点是稳定市场竞争地位、维护品牌信誉、保持渠道和合作关系，适用于耐用和高档消费品、生产资料用品，如：彩电、冰箱等。

（3）独家分销

这是指生产制造商在某一地区市场只选择一个中间商销售其商品。顾客特别注重这类商品的品牌，并需要制造商提供特殊性服务。

这种方式的出发点是利用中间商的商誉和经营服务能力，控制和保持销售水平，适用于特殊商品及使用方法比较复杂且需提供售后服务的商品，如：电梯等。

4. 分销渠道类型的发展趋势

（1）分销渠道的纵向联合

① 契约型产销结合：通常指制造商同选定的中间商以契约的形式确定各自在实现同一分销目标基础上的责权利关系。

● 特约经销：制造商与一家或多家中间商长期稳定的经销关系。
● 厂店挂钩：制造商委托大型或专业零售店销售商品的联合关系。
● 批发代理：制造商委托批发商代理其商品的批发销售。

② 紧密型产销一体化：通常指制造商以延伸或兼并方式建立统一的产销联合体，实现对分销活动的全面控制。

● 自营销售系统：制造商自行投资建立销售公司或分销网络，直接面对市场销售商品。
● 联合分销：制造商与中间商共同投资建立产销联合体，共同开展产销活动。

（2）分销渠道的横向联合

① 松散型联合：通常指同行业的制造商之间、批发商之间和零售商之间，以经济利益为纽带的联合经营商品的实体。

② 固定型联合：通常指同行业的制造商之间、批发商之间和零售商之间，不仅以经济利益为纽带，更注重行政管理的联合经营商品的实体。

（3）集团联合

企业集团是由具有生产、销售、信息、服务，以及科研等综合功能的多家企业联合而成的联合体。

集团性企业在市场中，不论其生产或销售行为，均具有强大的竞争能力。

课堂练习

在分销渠道的具体表现形式中，最短的渠道为（　　）。
A．直接渠道　　　　B．宽渠道　　　　C．短渠道

案例讨论

"盒马鲜生"的全渠道整合

提到"盒马鲜生"，想必大家并不陌生，可能有许多人都曾在"盒马鲜生"购买过食品。在新零售领域，"盒马鲜生"在线上和线下的全渠道整合方面做得较好，为用户提供了多样的消费方式。

用户除了可以在店内购买食材自己回家烹饪，也可以在店内购买制作好的食物，还可以在店内直接就餐。"盒马鲜生"保证线上与线下的产品同价，并且为用户提供产品配送服务，使得许多用户选择线上订货。这样就减轻了线下门店的服务压力，对缺少时间购物的群体也具有很多的吸引力。而且，"盒马鲜生"要求顾客使用"盒马鲜生"APP内支付，用户的购买数据就直接被收集起来，通过数据分析为其他业务提供数据支持。同时，线下门店还负责周围区域的配送服务，可以为用户提供送货上门的服务。

思考：

1．请归举例说明"盒马鲜生"销售的不同产品的分销渠道类型。

2．请结合自己线上线下的购物经历，说说"盒马鲜生"还有哪些令你印象深刻的线上线下相结合的服务方式。

第二节　中间商

一、中间商的含义

中间商是介于生产者与消费者之间，专门从事将商品由生产领域向消费领域转移业务的经济组织。

二、中间商的功能

1．商流功能

这是指商品的价值流动，包括采购、销售。

2. 物流功能

这是指商品的实体流动,包括运输、仓储、配送、包装、装卸搬运、加工和物流信息处理。

3. 服务功能

这是指提供商品的附加值,包括融资、市场信息和承担风险。

> **要点警句**
> 中间商就是商品的代理商、批发商、零售商的总称,也被视作为其代名词。

三、中间商的分类

1. 按其有无所有权分

（1）经销商

经销商是指从事商品交易业务,在商品买卖过程中拥有商品所有权的中间商。也正因为他们拥有商品的所有权,所以在买卖过程中,他们要承担风险。

（2）代理商

代理商是指接受生产者委托从事销售业务,但不拥有商品所有权的中间商。代理商的收益主要是从委托方获得佣金或者按销售收入的一定比例收取。

代理商一般有以下四种基本类型：

① 制造代理商：又称企业代理商或厂家代理商,是指同时为多家生产企业代理销售业务的,按委托的生产企业订立的书面合同中规定的价格、地区、订单处理程序、商品及服务保证等有关协议内容积极推销,并收取佣金的一种代理商。这种代理商好比厂方推销员,他们与厂方保持一种相对固定的代理关系。其特点是：销售区域固定,可同时接受其他非同类商品的委托代理业务,双方权利和义务受法律保护。

微课讲解
什么是代理商

② 销售代理商：指接受一家生产企业委托,独家销售其全部商品,并收取佣金的一种代理商。其特点是：代理商不得再接受其他代理业务,对商品的价格、交易等条件,代理商有较大的影响力和自主权。因此,销售代理商可视为生产企业销售部。

③ 佣金代理商：指接受生产者临时委托代理销售业务,并按销售收入提取佣金的一种代理商。其特点是：代理商可预先获得商品,自行销售,并负责运输商品任务,将所得货款减去佣金和开支余额交还给生产者。

④ 经纪人：指不直接参与商品买卖活动,而通过一定关系为买卖双方牵线搭桥,促成商品交易的一种代理商。其特点是：商品成交后,由委托方支付给经纪人一定佣金,经纪人不经手商品,不经手财务,不承担任何市场风险。

2. 按在商品流通中的作用分

（1）批发商

批发商是指大批购进商品去售于客户或转卖给生产性企业用于生产性消费的组织或个人。

批发商一般分为以下两种：

① 制造商自设的批发销售公司或以股权控制的批发销售公司，如：机电、仪表、钢铁和汽车制造商，他们各自设有完整的批发销售公司。

② 独立批发商：一般指中间商自设的批发公司或股权控制的批发公司。具体又分为：

- 专业批发商：专指经营某一类商品批发业务的中间商，如：化妆品批发商、小商品批发商等。
- 综合批发商：是指同时经营多种类型商品批发业务的中间商，如：百货批发公司、综合商社等。
- 全功能批发商：是指除了经营商品批发业务以外，还从事商品储存、运输、广告、邮购、送货、信贷等业务，有时还提供商品情报等的中间商，如：批发市场、批发广场等。

（2）零售商

零售商是指购进商品，最终销售给消费者用于生活消费的组织或个人。

> **趣味讨论**
>
> 批发商与零售商之间的区别在哪里？

零售商可细分为无门市零售商和有门市零售商。

1）有店铺零售商

有店铺零售商有相对固定的、可以进行商品陈列、展示和销售的场所和设施，并且消费者的购买行为主要在这一场所内完成。有店铺零售商按店铺的特点，根据其经营方式、商品结构、服务功能，以及选址、商圈、规模、店堂设施、目标顾客等单一要素或多要素进行细分，可分为便利店、超市、折扣店、仓储会员店、百货店、购物中心、专业店、品牌专卖店、集合店、无人值守商店等 10 种零售业态。

① 便利店：以销售即食商品为主，满足顾客即时性、服务性等便利需求为主要目的的小型综合零售形式的业态。

② 超市：以销售食品、日用品为主，是满足消费者日常生活需要的零售业态。通常采取开架销售，也可同时采取在线销售。门店内可提供食品现场加工服务及现场就餐服务。

③ 折扣店：店铺装修简单、提供有限服务、商品价格低廉的一种小型超市业态，通常拥有不到 200 个单品，自有品牌商品数量高于普通超市的自有品牌商品数量。

④ 仓储会员店：只有注册会员才可购物的大型超市，是一种集商品销售与商品储存于一个空间的零售形式。这种商场规模大、价格低，大多利用仓库、厂房运营。场内极少豪华装饰，一切以简洁、自然为特色。如：盒马 X 会员店、永辉仓储店、FUDI 生鲜、山姆会员超市等。

⑤ 百货店：以经营品牌服装服饰、化妆品、家居用品、箱包、鞋品、珠宝、钟表等为主，统一经营，满足顾客对品质商品多样化需求的零售业态。如：阪急百货店、美国梅西百货、赛特奥特莱斯、大洋百货等。

⑥ 购物中心：不同类型的零售、餐饮、休闲娱乐及提供其他服务的商铺按照统一规划，在一个相对固定的建筑空间或区域内，统一运营的商业集合体。

⑦ 专业店：经营某一类或相关品类商品及服务的零售业态。

如办公用品专业店、家电专业店、药品专业店、服饰店、体育用品专业店和家居建材商店等。像家电、服饰、家居这些专业店，往往重视客户的使用体验，这是线上购物无法触及的领域。例如,宜家商场带全装修的陈列室,顾客可以坐在沙发上,通过真切感受其材质与舒适度。

⑧ 品牌专卖店:经营或被授权经营某一品牌商品的零售业态。品牌专卖店分为旗舰店和快闪店两种形式,两种都是品牌表达的形式。快闪店顾名思义就是临时性的,它作为一种营销工具,是提高品牌知名度,建立品牌联系的重要方式。快闪店的设计可能更需要一些意想不到的和实验性的元素。

⑨ 集合店:汇集多个品牌及多个系列的商品,可涵盖服饰、鞋、包具电子产品、食品等多种品类的零售店。按照集合的不同,可以细分为多品牌集合店、买手制精品集合店、生活方式类集合店、百货式多品牌集合店。如:九木杂物社(生活杂货)、丝芙兰(美妆)、NOME(家居新零售)等。

⑩ 无人值守商店:在营业现场无人工服务的情况下,自助完成商品销售或服务的零售店。如:国内有缤果盒子、京东 X 无人超市、苏宁 Biu 店、天虹 Well go 无人店、酷铺魔方等;国外有 AmazonGO、Nraffr 等。

2) 无店铺零售商

无店铺零售商是通过互联网、电视/广播、邮寄、无人售货设备、流动售货车或直销等,将自营或合作经营的商品,通过物流配送、或消费者自提、或面对面销售等方式送达消费者。无店铺零售商可分为网络零售、电视/广播零售、邮寄零售、无人售货设备零售、直销、电话零售、流动货摊零售等七种零售业态。

① 网络零售:通过电子商务平台、物联网设备等开展商品零售的活动。根据经营模式的不同,网络零售可分为网络自营零售和网络平台零售。

② 电视/广播零售:以电视、广播作为商品展示、推介渠道,提供使用效果、方法等推介内容并取得订单的零售业态。

③ 邮寄零售:以邮寄商品目录为主,向消费者进行商品展示、推介,并通过邮寄等方式将商品送达给消费者的零售业态。

④ 无人售货设备零售:通过售货设备、智能货柜或贴有支付码的货架等进行商品售卖的零售业态。如:自助贩卖机。

⑤ 直销:在固定营业场所之外,直销企业招募的直销员直接向最终消费者推销产品的零售业态。

⑥ 电话零售:通过电话完成销售的零售业态。

⑦ 流动货摊零售:通过移动售货车或其他展示、陈列工具销售食品、饮料、服饰、鞋帽等日常消费品的零售形式。

3) 我国零售业态的发展

零售业态是零售企业为满足不同的消费需求进行相应的要素组合而形成的不同经营形态。新版国家标准《零售业态分类 GB/T 18106—2021》由国家市场监督管理总局、中国国家标准化管理委员会于 2021 年 3 月 9 发布,归口单位全国连锁经营标准化技术委员会,主管部门是中华人民共和国商务部,已于 2021 年 10 月 1 日起实施。

四、直销

1. 直销的含义

直销是指直销企业招募直销员,由直销员在固定营业场所之外,直接向最终消费者推销产品的经销方式。直销活动的主体是直销员,销售对象是最终消费者,不包括生产商、流通商和其他团体用户。我国的直销诞生于20世纪80年代末,1990年1月,我国境内批准成立了第一家直销企业——中美合资广州雅芳有限公司。经过发展和初期转型,目前已经进入了现代直销时期。

传销是指组织者或者经营者发展人员,通过对被发展人员以其直接或者间接发展人员的数量或者销售业绩为依据计算和给付报酬,或者要求被发展人员以交纳一定费用为条件取得加入资格等方式牟取非法利益,扰乱经济秩序,影响社会稳定的违法行为。直销与传销有明显的区别。为维护社会主义市场经济秩序,国务院通过并颁布了《禁止传销条例》,已于2005年11月1日起施行。

2. 直销与传销的主要区别

第一,直销分为单层次直销和多层次直销两类。前者是目前我国《直销管理条例》规定、经批准允许存在的一种经营模式;后者是《禁止传销条例》明令禁止的传销行为。

第二,从计酬方式上看,直销人员间没有连带关系,依赖个人业绩计酬;传销人员之间具有连带关系,实行团队计酬。

第三,从运作规范看,直销运作规范,相关信息公开,可通过网上查询,直销公司不收入门费;传销信息不公开,组织严密,欺骗性强,非法传销公司还要收取硬性的入门费。非法传销团伙参加者通过缴纳入门费或以认购商品等变相缴纳入门费的方式,取得加入、介绍或发展他人的资格,并从中获得回报。

第四,从公司产品看,直销公司销售的是通过国家有关部门认定的合格产品;传销企业销售的则大多是"三无"产品。直销企业的产品在市场上销售较好;传销公司销售的产品不在市场上流通,而只作为"拉人头"的样品或宣传品。直销企业的产品和市场的商品一样有"三包"制度;传销企业的产品没有退货保障制度,一旦购买就无法退货。

第五,从运作方式看,企业经过批准成为直销企业→在拟从事直销活动的省、自治区、直辖市设立负责该行政区域内直销业务的分支机构→在相关行政区域(县级)建立服务网点→招募直销员→经过培训和考试取得直销员证后,方可以开展直销活动;传销的运作则是:介绍加入→交纳费用(入门费、购买商品费)→欺骗、约请他人加入→从被骗者交纳费用中提取报酬→被骗者再骗他人,以此模式循环。

3. 直销的实质

直销的实质是产品销售的一种方式。与其他销售方式相比,其基本区别有三点:

第一,分配制度不同,其他销售方式是企业、经销商、销售员三者之间,就如何分配利润有一个不断博弈的过程,基本上是一年一变,特别是随时可以改变,而直销则简化为企业与销售员两者,共同遵守统一的分配制度,并且长期不变,这样降低了企业的风险,能让企业从风险极大的销售中解脱,专注于产品的创新,另一方面能保证对任何销售员的公正、公平,极大减少了销售中的内耗,能更专注于营销。

第二,需要有产品重复消费,这是直销存在的核心,如果没有产品重复消费这一前提,运用直销模式则终将成为害人利器。

第三,产品的消费需要个性化的服务。

掌握了直销的三个基本点,就能理解为什么直销企业,不论是有意还是无意,涉足的都是健康产品。因为直销的分配制度和产品重复消费的特点,决定了直销产品的范围。

直销人员对顾客的销售类同于人员推销。人员推销策略将在第八章第二节详细介绍。

课堂练习

中间商实现商品价值的功能是（　　）。
A. 商流功能　　　B. 服务功能　　　C. 物流功能

案例讨论

"名创优品"的低价秘诀

电商的冲击、店铺租金的飞涨，导致传统零售业的关店潮犹如洪水一样不断蔓延。而做生活方式集合店的"名创优品"却在此时逆市而上，短短两年，仅在中国市场就开了上千家店，顾客排队付款成为常态。

"名创优品"把中间商环节全部砍掉，产品直接从工厂到店，无情地挤掉了中间佣金。而在传统的供应链模式里，商家用的是"代销制"，卖多少给工厂结算多少，换言之商家把销售风险转嫁到厂家身上，后者为了保护自己的利益，势必会把采购价格抬高，而这种高价最终则被转嫁到消费者身上。

而"名创优品"用的是"买断制"，即大规模定制采购，卖出与否都是自担风险，与供应商无关，且货款快速结清，从而摆脱供应商对零售价格控制，只有享有充分的自由定价权，低价销售才成为可能。这对于当前面临账期长、订单不稳定的供应商来说，条件利好，自然愿意把价格放低，然后"名创优品"再从中遴选优质的供应商。

请回答：
1. 何为中间商？中间商有哪些类型？
2. 名创优品"产品直接从工厂到店"是否存在隐藏风险？为什么？

第三节　分销渠道选择与管理

一、影响分销渠道选择的因素

1. 商品特点

（1）商品的易腐性

易腐性商品主要是质量容易受气候条件、时间等因素影响而遭到破坏的商品，如：鱼、肉、水果和其他食品等。因此，应尽量缩短其分配路径，以保持商品新鲜、不受损坏。

（2）商品的技术性

技术性高的商品在销售和售后服务时，一般均要具备相应专业知识，如：大型机电设备，由生产制造商直接供应用户，能及时提供使用和维修方面的专业指导。

（3）商品体积重量

体积大和笨重的商品应尽可能缩短分配路线，以节约运输和保管等方面的人力、物力。有时选择某一零售商实施销售，不采取经过批发商的销售分配方法。

（4）商品价格

一般说来，商品价格越低，市场销售频率越高，销售面越广，因此一般选择较多的中间商。如：日用消费品就应该选择间接渠道，以扩大销售。

（5）商品生命周期

商品生命周期的长短反映了市场需求变化的快慢。一般认为，商品生命周期越长，市场需求变化就越慢，商品流行时尚性程度也越低，因此选择较长的分配渠道。

（6）"前店后厂"的特色商品

某些具有传统特色的产品，如：特殊风味的食品、花色式样复杂多变的鞋帽等消费品，宜采取前店后厂、自产自销的方式经营。

2. 生产情况

① 生产的集中和分散程度影响分销渠道类型的选择。生产在时间或地理上比较集中，而消费分散的商品，或生产在时间或地理上分散但消费集中的产品，必须有中间环节；生产和消费都集中的产品，则可减少或不要中间环节。

② 生产力布局会改变产品的流向，引起渠道的宽度或长度的变化。

③ 产品组合情况。产品线的长度和深度也影响分销渠道的选择。一般来讲，产品线长而深的产品，适合用宽而短的渠道。

④ 生产者本身的规模、能力、商誉等也影响渠道的模式。因为这涉及生产者能否控制分销渠道，以及中间商是否愿意承担经销或代销业务。

3. 市场情况

（1）市场潜量

市场潜量的大小与渠道模式的选择有密切关联。一般认为，市场潜量大，应采用长渠道和宽渠道销售其商品；反之，则采用短渠道和窄渠道销售商品。

（2）购买力

购买力大小反映了一个城市或地区的消费水平。一般认为，购买力大，企业对商品的销售应采用宽渠道推广，以方便消费者购买；反之，则采用窄渠道销售商品。

（3）零售商规模

零售商的规模直接反映了对消费者服务的能力和接待消费者的数量。一般认为，零售商规模大，则应直接向其供货，以缩短供货环节；反之，则选择多家同类零售商共同销售其商品。

（4）竞争者情况

出于市场竞争的需要，企业有时故意避开竞争者常用的渠道，别出心裁，一反常规，开辟新的渠道。市场竞争激烈时，生产者会考虑增加销售点，扩大销售网；反之，则要减少流通环节，以降低成本。

> **趣味讨论**
>
> 假如你是企业营销主管，你能说出在你周围的某一商品分销渠道选择的个案吗？

4. 中间商状况

（1）各种中间商所具备的功能不一样

假如某产品计划进入新市场需要做大量广告，制造商往往会选择能更好提供这方面服务的代理商，而不是批发商。如果制造商需要的是更多的储运服务，则选择批发商更合适。

（2）态度要求

批发商鉴于某些原因不愿经销外地产品或提出过多、过高的要求时，制造商往往就要考虑直接进入零售市场，甚至采用直销。

（3）经销费用

选择不同渠道往往是综合考虑经销费用的结果。因为各类中间商的经销费用的高低，是渠道决策中的重要影响因素。

（4）经营规模

如果某一地区大型零售商多，进货批量大，与制造商的产量相匹配，那么制造商就可以直接将产品销售给零售商，不需要批发商，于是分销渠道较短。相反，如果中小零售商数量多，则通过批发商的长渠道才能达到较好的分销效益。

二、影响中间商选择的因素

1. 中间商的合法经营资格

制造商必须对中间商的各种合法证件进行认真审核，检查是否具有国家（或该地区）准许的经营范围，特别是对食品、药品等限制较多的中间商，更要慎重，将中间商持有的证件进行登记、复印以备案。

2. 中间商的目标市场

不同制造商的产品有不同层次的消费群和不同的目标市场，而不同的中间商也有不同的销售渠道和相应的消费对象。制造商在选择中间商时，一定要选择目标市场与自己相似的中间商。例如，一家生产农药的企业，是以农村和农场作为目标市场的，农民和农业工人是自己的消费对象，这就需要选择与农村和农场消费者有密切关系的农资站、农业技术推广站和植保站等单位作为自己的中间商，这样才能迅速扩大商品的销售量，提高产品的售后服务质量。

3. 中间商的地理位置

选择中间商要注意选择距消费者最近、购买最方便的中间商，还要考虑到交通运输条件和产品调度的顺畅与否，最好能找到便于运输、储存及能降低销售成本的中间商。

4. 中间商的销售策略

如果中间商经营着对本企业具有竞争能力的产品，则一般不选择其作为本企业的中间商。当然，如果本企业产品的品质、价格、包装和服务项目等优于同类产品，也可以考虑。

5. 中间商的销售能力

必须考虑中间商是否具有稳定的、高水平的销售队伍、健全的销售机构、完善的销售网络、足够的推销费用和良好的广告媒体环境。

6. 中间商的销售服务水平

现代市场销售要求一体化服务，包括运输、安装、调试、保养、维修和技术培训等各项售后服务相结合。中间商是否具有掌握专业技术的人员为消费者提供良好服务，更是一个重要标准。

7. 中间商的储运能力

储运能力的大小,直接关系到中间商的业务量大小。能否对制造商的产品生产起到稳定、发展和延伸的作用,并调节产品生产销售的淡旺季,与中间商的储运能力皆有关系。

8. 中间商的财务状况

中间商的固定资产量、流动资金量、银行贷存款、企业间的收欠资金等情况,关系到中间商是否可以按期付款,甚至预付款项等问题。

9. 中间商的企业形象和管理水平

必须注意中间商在该区域是否具有良好的企业声誉与合作伙伴,员工是否注重企业形象,中间商的法人代表是否具有良好的文化素质、工作作风和经营管理能力,员工队伍结构是否合理,业务水平是否过硬,管理体制是否健全等。

三、分销渠道管理

在一定程度上,制造商与中间商是"命运共同体",即所有成员的利益,只有在谋取共同利益目标下,才能更好地实现。但由于制造商与中间商是独立的,有着各自的利益,因而渠道成员之间容易产生各种矛盾和冲突。这就需要对分销渠道进行管理。

> **要点警句**
> 分销渠道的价值在于推进商品流通。

1. 明确渠道成员的职责与权利

这是建立高效率渠道的基础。渠道成员之间的合作,具体表现在他们履行各自的职责。制造商考虑的是销售区域、产品供应、市场开发、定价、货款结算与回收、服务和市场情报等,它的职责是向中间商保证供货、产品质量、退换货、价格折扣、广告促销协助等。中间商的职责是向制造商提供商场情报和业务统计资料、保证实行价格政策、及时足额付款、达到服务水准等。

2. 分析渠道成员之间产生冲突或矛盾的原因,并采取相应的对策进行协调

渠道成员之间的矛盾冲突,本质上是各自独立的渠道成员之间的经济利益的矛盾表现。其中一些冲突是正常的、健康的,另一些冲突则需要进行协调,以免给渠道成员造成不必要的损失。一般来说,渠道成员之间在营销过程中会产生下列冲突。

(1) 横向渠道成员之间的冲突

这种冲突指为同一目标市场服务的同类渠道成员之间为争夺顾客而发生的竞争。在一定限度内,这种竞争是有益的,它能使顾客在产品价格和服务等方面,获得广泛选择。但竞争过于激烈,则会影响经济效益,这时有影响的制造商需要出面协调。

(2) 纵向渠道成员之间的冲突

这种冲突指同一渠道中不同类型渠道成员之间发生的利益冲突,包括制造商与批发商或代理商、零售商之间的冲突,批发商与代理商或零售商之间的冲突,代理商与零售商之间的冲突等。制造商与批发商之间的冲突可以由多种原因引起,比如制造商认为批发商未积极推销自己的产品,没有发挥储运功能或服务质量太低等;而批发商则认为制造商要求过

高,扩大了不属于批发商职责范围之内的工作,或制造商越过批发商直接向零售商或用户销售产品,或制造商只顾自己利益,把顾客比较集中的市场划拨给自己直接经销,而顾客比较分散的地区交给批发商等。这时就需要双方坐下来通过谈判求得解决。

3. 正确评价分销渠道成员的工作业绩

制造商必须定期分析评价中间商的工作业绩。当某一中间商的工作业绩低于应达到的目标时,制造商应分析原因并寻找补救的途径。分析评价中间商的目的,是使制造商及时了解情况、发现问题,以便更有针对性地对中间商开展激励和帮助,提高销售效率。

中间商应达到的工作目标,一般是在选择成员时双方已经协商明确了的。这些目标主要包括销售范围、平均订货量、送货时间、商品损失处理、促销和技术培训,以及中间商对顾客提供服务的项目和水准等。

一定时期内各中间商达到的销售额是一项重要的评价指标。把销售额(订货量)的大小作为综合标准,在一定程度上是正确的。但有时也会例外,因为中间商所面对的环境有很大的差别,规模、实力、商品结构和一定时期内的经营重点各不相同。因此,正确地评价中间商的工作业绩,横向比较销售额大小,固然是一种方法,但同时还应当纵向比较,这样,对中间商的工作评价可能更加客观。

4. 对渠道成员的激励

(1) 制造商与中间商的关系

中间商作为一个独立的法人,有其自身的利益,因此,中间商在处理与制造商之间的关系时,往往存在下列情况:

① 中间商认为自己是顾客的采购代理,往往先考虑顾客的需要,然后再考虑制造商的期望。因此,中间商感兴趣的是销售给顾客想购买的任何商品,即更多考虑需要的产品组合而较少注意单项商品,或者说较多考虑某类产品而较少注意某品牌产品。除非制造商额外给予一定利益,中间商才会对某一单项产品付出特别的促销努力,才会重视某些只对某项产品感兴趣的顾客。

② 中间商出于自身利益考虑,只注重自己的广告宣传,往往不能充分利用制造商提供的广告素材。

③ 中间商往往不愿记录和提供某一特定品牌商品的销售资料,以方便制造商改进产品、定价、包装、服务和宣传推广等。

(2) 制造商对中间商的激励方法

针对这些情况,制造商对中间商要采取措施,加以激励。基本的激励方法有两种:

① 着眼于与中间商建立长期的伙伴关系。

② 有计划地与中间商进一步合作。

制造商可以设立一个"中间商关系部",其任务是探求中间商的需要,增进彼此的了解和合作。制造商通过这个机构与中间商共同规划销售目标、存货水平、商品陈列、员工培训、广告宣传等,增进友好合作关系,使中间商认识到,作为制造商分销渠道的一员,积极做好相应的分销工作,就可以从中得到更大的利润。

值得注意的是,对中间商的激励要适度,过分的激励可能造成越俎代庖,影响中间商独特功能的发挥,也可能因太过优惠引起自身利润过低,得不偿失。

5. 分销渠道调整

市场营销环境是在不断变化的。为了适应这种变化,分销渠道往往需要从以下三个方面进行调整。

（1）增减中间商

制造商在做出这种调整决定时，需要作具体分析。如：增加或减少某个中间商，将会对公司的利润带来何种影响？一般来说，制造商如果决定在某销售区域增加一家批发商，不仅要考虑这样做将有多大的直接收益（如：销售量的增加额），而且要考虑对其他批发商的销售量、成本与情绪会带来什么影响。

（2）增减某一分销渠道

当制造商在某目标市场只通过增减个别中间商不能解决根本问题时，就要采取增减某一分销渠道，否则就会有失去这一目标市场的危险。例如，某化妆品公司发现其经销商只注意成人市场而忽视儿童市场，引起儿童护肤品销路不畅，为了促进儿童化妆品市场开发，就可能需要增加一条新的分销渠道。

（3）调整分销渠道模式

对以往的分销渠道作通盘调整时，这类调整是难度最大的，因为要改变制造商的整个渠道策略，而不是在原有基础上修修补补，如：汽车制造厂放弃原来的直销模式，而采用通过代理商推销的方式。分销渠道的通盘调整，不仅仅是渠道改变，而且会带来其他营销组合策略的一系列变动。因此，这类调整通常由最高管理层来决策。

上述调整方法中，第一种属于结构调整，它立足于增加或减少原有分销渠道的某些中间层次。后两种属于功能性调整，它立足于将一条或多条渠道的分销工作在渠道成员中重新分配。制造商的分销渠道是否调整，调整到什么程度，取决于分销渠道的整体分销效率。如果矛盾突出且无法协商解决，一般就应当进行调整。

课堂练习

制造商在与中间商的关系管理上，直接有效的管理方法是（　　）。

A．利益重置　　　　B．及时解决矛盾　　　　C．明确双方的权利和义务

***** 本章汇总 *****

一、分销渠道的概念与类型

1. 分销渠道的基本概念

① 分销渠道的含义：指产品从制造商转移到消费者所经过的各中间环节连接起来所形成的通道。

② 分销渠道的特征：在分销渠道中存在着商流、物流、货币流、信息流和促销流等五种运动的"流"。

2. 分销渠道的类型

分销渠道除了传统的直接渠道、间接渠道、宽渠道、窄渠道之外，在现代市场营销活动中，已经出现了纵向联合、横向联合和集团联合等三种新型渠道类型。

二、中间商

① 中间商的含义：指介于生产者与消费者之间，专门从事商品由生产领域向消费领域

转移业务的经济组织。

② 中间商的功能：它们集中了商流、物流和服务等一系列功能。

③ 中间商的分类：批发商有制造商自设的批发销售公司和独立批发商；代理商有制造代理商、销售代理商、佣金代理商、经纪人；零售商分为有店铺零售商、无店铺零售商。

④ 直销：直销是指直销企业招募直销员，由直销员在固定营业场所之外，直接向最终消费者推销产品的经销方式。直销与传销有重大区别。

三、分销渠道选择与管理

① 确定具体渠道类型时考虑的主要因素：商品特点、生产情况、市场情况、中间商状况。

② 选择具体中间商时考虑的主要因素：中间商的合法经营资格、目标市场、地理位置、销售策略、销售能力、销售服务水平、储运能力、财务状况、企业形象和管理水平。

③ 分销渠道管理：明确双方责权利、矛盾协调和对策、业绩评估、激励、渠道调整。

第八章 促销策略

【学习目标】

通过本章内容的学习,能够熟悉和了解促销及促销组合的基本概念和基本原理,掌握和运用各种促销组合的基本形式和运用技巧。

案例导引

泡泡玛特的魔力

泡泡玛特公司成立于2010年,是中国领先的潮流文化娱乐公司。发展十多年来,围绕全球艺术家挖掘、IP孵化运营、消费者触达、潮玩文化推广、关联产业投资整合五个领域,旨在用"创造潮流,传递美好"的品牌文化构建覆盖潮流玩具全产业链的综合运营平台。

为了打开销路,泡泡玛特公司注重营销方式,定期推出打折促销活动,吸引消费者前来购买。例如,每周五推出"五折日"活动,或者每月推出"超值日"活动,让消费者在特定时间享受更多的优惠,尤其是在日常购买一定数量的商品时享受更多的优惠。同时,泡泡玛特推出会员制度,让消费者在购买商品时享受增值的优惠和服务。例如,会员可以享受更多的折扣、积分兑换、生日礼品等福利,吸引消费者成为泡泡玛特的忠实粉丝。

除此之外,泡泡玛特会在其微信公众号上推送赠送优惠券、抽奖活动等,吸引消费者前来购买。同时,泡泡玛特在社交媒体上发布商品信息、促销活动等内容,提高品牌知名度和市场占有率。泡泡玛特门店布局多在城市中心区域、商业街等人流量较大的地方,有助于提高品牌曝光率和市场占有率。同时,泡泡玛特在不同的门店内设置风格迥异,定期更新的商品展示区等,让消费者更加直观地了解商品信息和品质,提高购买意愿。

从该案例可以引出:
- 泡泡玛特开展了哪些促销活动?
- 泡泡玛特开展促销活动的实质是什么?
- 未来泡泡玛特还可以进行哪些方面的促销活动?

本章可以帮助大家了解、掌握促销概述、人员推销策略、广告策略、营业推广策略、公共关系等相关知识。

第一节 促销概述

一、促销组合的概念

1. 促销的含义

所谓促销，又称促进销售，就是卖方将有关本企业及商品的信息通过各种方式传递给消费者或用户，加深其了解、信赖，从而激发兴趣，并购买本企业的商品或服务，以达到扩大销售目的的一种营销活动。由此可见，促销的实质是卖方与购买者之间的信息沟通。

为了有效地与购买者沟通信息，企业可通过广告来传递有关企业及商品的信息；可通过各种营业推广方式来加深顾客对商品的了解，进而促使其购买商品；可通过各种公共宣传手段来改善企业在公众心目中的形象；还可派推销人员面对面地说服顾客购买商品。这就是说，企业可采用多种方式来加强与顾客之间的信息沟通，促进商品的销售。

2. 促销信息沟通的方式和程序

（1）促销信息沟通的方式

沟通市场信息是促进销售的本质条件。在促销活动的过程中，需要在买卖双方之间互通信息，增进了解。其间，主要是卖方向买方传递其所提供的商品或服务的信息，并通过市场信息反馈，了解和适应消费需求，为促进购买行为创造有利的条件。沟通信息的方式可分为两类：一类是单向沟通，即用非人员促销的方法，一方发出信息，另一方接受信息，比如通过报刊、电台、电讯、橱窗陈列等形式向消费者传播信息；另一类是双向沟通，即人员促销的方法，此类买卖双方都是信息的发出者，同时也是信息的接受者，比如上门推销、现场销售等。

（2）促销信息沟通的程序

促销信息沟通的程序中有三个基本环节：第一个环节是传达人（企业）为了把信息传达给接受人（消费者），必须把信息"译出"，即转化为接受人所能理解的语言或图像画面等形式；第二个环节是接受人要把信息转化为自己所能理解的东西，必须对信息进行"译进"；第三个环节是接受人对"译进"信息的反应，然后把这种反应传递给传达人，这个过程称为"反馈"。在信息沟通过程中，有时会产生干扰，即传送了错误的信息。其中，"译进"（即消费者对信息的理解）是最不容易控制的一个环节，应当引起足够的重视。例如，很多咖啡伴侣的广告，由于没能使消费者了解咖啡伴侣的真正作用，便使大多数人认为这只不过是一种类似牛奶的东西，因此在喝咖啡时，很多人就以牛奶或奶粉代替，这样便影响了咖啡伴侣的销售。

信息沟通的操作程序如图8-1所示。

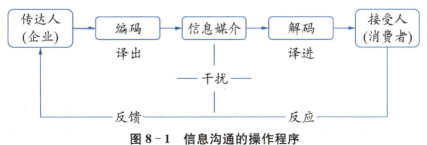

图8-1 信息沟通的操作程序

3. 促销组合的含义

所谓促销组合,就是指促销方式(包括广告、营业推广、人员推销和公共关系)的选择、组合搭配及不断运用。促销组合的目的是促进商品或服务的销售。

4. 促销的作用

作为信息传播与沟通手段的促销活动,对企业的生存和发展是至关重要的一环,绝非可有可无之举。有些企业不懂信息沟通的重要性,不舍得把大笔开支用在促销上。其实促销投入并不是一种单纯的"费用",而应当把它看成是一项"投资",因为它同销售额、利润息息相关,在一定意义上就像购买机器设备一样,是企业必不可少的开支。促销的重要作用可归纳为如下几点。

（1）提供商业信息

通过促销宣传,可以使顾客知道企业生产经营什么商品,有什么特点,到什么地方购买,购买的条件是什么,等等,从而引起顾客注意,激发其购买欲望,为实现销售和扩大销售做好舆论准备。

（2）提高竞争能力

在激烈的市场竞争中,企业通过促销活动宣传本企业商品的特点,努力提高商品和企业的知名度,促使顾客加深对本企业商品的了解和喜爱,增强信任感,从而提高企业和商品的竞争力。

（3）巩固市场地位

通过促销活动,可以树立良好的企业形象和商品形象,尤其是通过对名、特、优商品的宣传,更能促使顾客对企业商品及企业本身产生好感,从而培养和提高"品牌忠诚度",巩固和扩大市场占有率。

（4）开拓市场

新产品上市后,起初顾客对它的性能、用途、作用、特点并不了解,但通过促销沟通,可以引起顾客兴趣、诱导需求,并创造新的需求,从而为新商品打开市场,建立声誉。

二、促销组合的基本内容

企业的促销活动种类繁多,但可归纳为四种基本方式,即人员推销、广告、营业推广和公共关系。这四种方式各有其特点,既可以单独使用,也可以组合在一起使用,以达到更好的效果。

1. 人员推销

人员推销是企业通过推销人员与消费者的口头交谈来传递信息,说服消费者购买的一种营销活动。在沟通过程中,人员推销在建立消费者对商品的偏好、增强信任感及促成消费行为方面卓有成效。因为通过面对面的交谈,推销人员可以与顾客进行双向式的沟通,保持密切联系,对顾客的意见做出及时的反应。但人员推销的成本比较昂贵,而且优秀推销人员需要长期培养。

2. 广告

广告是广告主通过付费的方式传播有关信息的营销活动。由于广告的信息散布范围广,且可以多次重复,因此在树立企业商品的长期形象方面有较好的效果。但广告往往只是一种信息的单向传递,缺乏与消费者的双向沟通,很难说服消费者进行即时的购买活动。同时,有些广告媒体(如:电视)的广告投放费用十分昂贵。

3. 营业推广

营业推广是在短期内采取一些刺激性手段来鼓励消费者购买的一种营销活动。营业推广可以使消费者产生强烈的、即时的反应,从而提高商品的销售量。但这种方式通常只在短期内有效,如果时间过长或过于频繁,很容易引起消费者的疑虑和不信任。

4. 公共关系

公共关系是企业利用各种公共媒体来传播有关信息的营销活动。这种营销活动一般通过不付费的公共报道来传播,传播的信息带有新闻性,因而消费者的一般感觉是有权威的、公正可靠的,比较容易相信和接受。但这种方式不如其他方式见效快,而且信息发布权掌握在公共媒体手中,企业也不容易进行控制。关于公共关系,第九章将作专门论述,本章从略。

> **要点警句**
> 促销组合策略运用的实质是人员推销、广告、营业推广和公共关系等方式的排列组合的具体表现。

三、促销组合的影响因素

企业的促销组合,实际上就是对上述促销内容方式的具体运用。在选择采取哪一种或哪几种促销方式时,有一些因素是企业必须考虑的。这些因素包括以下五个方面。

1. 商品性质

不同性质的产品,其购买要求和使用特点也不同,需要采取不同的促销组合,各种促销方式对生活资料商品(消费品)和生产资料商品(工业品)的促销效果也是不同的。

一般来说,从事消费品生产或经营的企业,最重要的促销方式是广告,其次是营业推广,然后是人员推销,最后是公共关系。也就是说,在全部促销费用中,广告所占比例最大,然后才是营业推广、人员推销和公共关系。

课堂练习

企业在推广消费品时所运用最广的促销方式是(   )。
A. 人员推销   B. 广告   C. 营业推广

与上述不同的是,从事工业品生产或经营的企业,其促销方式首先是人员推销,其次是营业推广,然后是广告,最后是公共关系。在全部促销费用中,所占比例最大的首先是人员推销,其次是营业推广,然后是广告,最后是公共关系。

各种促销方式对消费品和工业品的重要性如图8-2所示。

总之,广告适用于价格较低、技术性弱、买主多而分散的消费品,面对消费者市场;人员推销适用于价格较昂贵、技术性强、买主少而集中的工业用品,面对产业市场和中间商市场;营业推广和公共关系的促销方式,在对两类商品的适用性方面没有太大差异。

2. 市场状况

企业目标市场的不同特征也影响着不同促销方式的效果。在地域广阔、分散的市场,广告有着重要的作用;如果目标市场窄而集中,则可使用人员推销方式更有效。此外,目标市

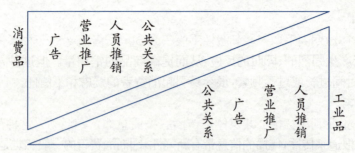

图 8-2 各种促销方式对消费品和工业品的重要性

场的其他特性,如:消费者收入水平、风俗习惯、受教育程度等,也都会对各种促销方式产生不同的影响。

3. 企业策略

企业有两种基本的促销策略:推动策略和拉引策略。①所谓推动策略,是指企业通过各种促销方式把商品推销给批发商,批发商则将商品推销给零售商,零售商再把商品推销给消费者的策略。②拉引策略则是企业针对最后消费者展开促销攻势,使消费者产生需求,进而向零售商要求购买该商品,零售商则向批发商要求购买该商品,而批发商最后向企业要求购买该商品的策略。企业可根据推动与拉引的需要选择不同的促销方式。

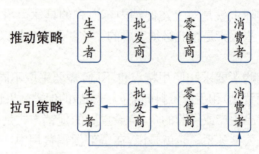

图 8-3 推动策略和抗引策略

显然,如果企业采取推动策略,则人员推销的作用最大;如果企业采用拉引策略,则广告的作用更大些。

4. 商品购买过程阶段

顾客的购买过程一般分为六个阶段,即知晓、认识、喜欢、偏好、确信和购买。对处于不同阶段的商品,企业应采用不同的促销组合策略。在知晓阶段,广告和公共关系的作用较大;在认识和喜欢阶段,广告作用较大,其次是人员推销;在偏好和确信阶段,人员推销的作用较大,广告的作用略小于人员推销;在购买阶段,则主要是人员推销在发挥作用。

> **趣味讨论**
>
> 假如你要购买一台彩电,在购买的各阶段中,你会感受到企业促销方式的哪些影响?

5. 商品生命周期阶段

影响企业促销组合决策的另一个因素是商品所处的生命周期阶段。对处于不同周期阶段的商品,促销的目标不同,企业所采用的促销方式也有所不同。具体促销目标与促销主要方式的对应关系详见表8-1。

表8-1 商品生命周期阶段

阶 段	促销目标	促销方式
导入期	建立商品的"知晓度"	广告和人员推销
成长期	建立商品的"知名度"	广告(着重宣传厂牌、商标),配合人员推销
成熟期	建立商品的"创新度"	广告(着重宣传商品的新改进、新特点),配合人员推销
衰退期	建立商品的"偏爱度"	比较性广告,营业推广
全周期内	建立信任感,消除不满意感	改变广告内容,适当利用公共关系

总之,促销组合要从企业的市场营销总体战略出发,有目的、有计划地把各种促销方式组合起来,综合运用,形成促销组合策略。同时,使促销组合策略与其他策略相互协调配合,从而形成一个整体营销战略。

> **案例讨论**
>
> **比任何人更懂年轻人,喜茶的促销策略**
>
> 围绕中秋主题,喜茶设置了中秋主推饮品的赠饮券,而坐拥近2 600万用户的"喜茶GO"小程序,充当了线上与门店的中转站。此次活动设置小程序兑奖,获得赠饮券、优先券的用户,需要跳转"喜茶GO"小程序进行兑奖,而赠饮的领取自然要到线下门店去,如此流程便顺畅地实现了小程序—门店的引流。另外,喜茶还设置了"波波月兔灯笼"这样的实体周边作为奖品,配合种类丰富的优先券、满减券,营造满满的节日气氛。
>
> 众所周知,这是一个拼实力,打造核心竞争力的时代,喜茶以其强大的产品力和不断创新的促销方式,把原本普通的茶饮品牌打造成中国茶饮行业的一个现象级品牌。喜茶的魔力在于,营销有趣又好玩,总能找到让你购买它的理由。
>
> 思考:
> 1. 什么是促销?
> 2. 喜茶成功利用了哪种促销策略?
> A. 广告促销　B. 人员推销　C. 营业推广　D. 公关促销

第二节　人员推销策略

一、人员推销的特点

人员推销又称人员销售,是一种最古老的推销方式,十分有效,与其他促销手段相比具有不可替代的地位。它是一种双向沟通的直接推销方式,其特点如下。

1. 灵活性

推销人员与顾客保持直接的联系,可以根据各类顾客的愿望、需求、动机等,有针对性地进行推销,及时获知顾客的反应,并据此适时调整自己的推销策略和方法,解答顾客的疑问,使顾客产生信任感。因为其针对性强,灵活机动,促销的成功率很高。

2. 选择性

人员推销,可以选择具有较大购买可能的顾客进行推销,并可事先对未来顾客做一番研究,拟定具体推销方案、推销目标、方法策略等,以提高推销的成功率。

3. 完整性

人员推销可以直接促成购买行为,因为推销人员承担了整个销售阶段的工作:自寻求顾客开始,到接触顾客、进行磋商,直到促成交易、履行合同、回收货款等整个销售过程的完成。

4. 功能性

人员推销除可以完成销售任务外,还可以帮助顾客解决问题,推销人员充当顾客的顾问,为顾客提供服务,从而使买卖双方从单纯的买卖关系发展到建立深厚的友谊,这种情感有助于推销工作的开展。

5. 信息反馈及时

推销人员直接面对顾客,能够了解顾客的愿望和要求,了解顾客对企业和产品的意见及建议。推销人员将直接得到的各种消费信息及时反馈给企业,有利于企业掌握市场动向。

6. 费用高

人员推销的各种开支比较大,会增加商品成本,影响价格竞争力。人员推销接触面小,耗费时间长,因此销售效率比较低。并且人员推销对推销员的素质要求很高,企业在推销人员的培训上要进行较高的投资。

> **要点警句**
> 人员推销策略的运用是企业了解顾客、熟悉市场最有效和最直接的方法。

二、人员推销的目标

人员推销就是企业派出专职或兼职的推销人员,直接向可能的购买者开展的推销活动。各类企业人员推销的目标都有所不同,但归纳起来,大致目标有以下六点:

① 发现和培养新顾客;
② 将本企业商品和服务的信息传递给顾客;
③ 推销商品,包括接近顾客、介绍商品、回答顾客提问,以及达成交易;
④ 提供服务;
⑤ 市场调研,搜集市场情报;
⑥ 分配商品,即当商品短缺时,分析和评估各类顾客,然后向企业提出如何分配短缺商品的方案。

三、人员推销的基本形式

人员推销的形式多种多样,各企业实施的重点也各不相同。但基本形式一般包括上门推销、柜台推销和会议推销等三种。

1. 上门推销

这是指由推销人员携带样品、说明书和订货单等走访顾客,推销商品。这是一种推销人员向顾客积极主动靠拢的"蜜蜂经营法",是一种被企业和公众广泛认可和接受的推销形式。

2. 柜台推销

这是指由营业员接待进入商店的顾客,向其销售商品。零售和批发商店的营业员,以及服务性企业的服务员实质上都是推销人员。他们在与顾客当面接触和交谈中介绍商品、回答询问、促成生意。这是一种"等客上门"式的营销方法。

3. 会议推销

这是指利用各种会议的形式介绍和宣传商品,开展推销活动。如:推销会、订货会、物资交流会、展销会等,都属会议推销。这种推销形式具有群体推销、接触面广、推销集中、成交额大等特点。在各种推销会上,往往多家企业同时参加推销活动,企业之间在会内会外有广泛接触,与会的买卖双方都有明确的目标,只要商品对路、价格合理,就容易达成大批量的交易。

四、人员推销的策略和技巧

1. 人员推销的策略内容

(1) 试探性策略

所谓试探性策略,又称"刺激—反应"策略,是指推销人员利用刺激性较强的方法引发顾客购买行为的一种推销策略。在推销人员不了解顾客需求的情况下,事先设计能引起顾客兴趣、刺激顾客购买欲望的推销语言,投石问路,对顾客进行试探,观察其反应,然后根据其反应采取具体的推销措施。这些措施包括示范操作、商品出样、图片资料、展示赠送商品说明书等,以引发顾客的关注,并及时有效地处理顾客异议,排除成交障碍,促使顾客采取购买行为。

(2) 针对性策略

所谓针对性策略,又称"配方—成交"策略,是指推销人员利用针对性较强的说服方法,促使顾客发生购买行为的一种推销策略。推销人员在已经基本了解顾客有关需求的前提下,事先设计好针对性强、投其所好的推销语言和措施,这些措施包括有的放矢地宣传和介绍商品的特点,说服顾客购买等。在运用这一策略时,要使顾客感到推销人员的确是自己的好参谋,是真心为自己服务的,从而产生强烈的信任感,愉快地成交。

(3) 诱导性策略

所谓诱导性策略,又称"诱发—满足"策略,是指推销人员运用诱导服务方法,使顾客发生购买行为的一种推销策略。这种策略要求推销人员能唤起顾客的潜在需求。推销人员要先设计出"如果顾客购买该商品将会带来什么利益"等建议,诱发顾客产生需求,并激起顾客迫切希望实现这种需求的强烈动机,充分抓住时机向顾客介绍商品的效用,说明所推销的商品正好能满足顾客的需要,真正起到诱导作用。

2. 人员推销的技巧与方法

在人员推销策略的实施过程中,避免不了相应技巧与方法的运用。

(1) 创建和谐的洽谈氛围

和谐良好的洽谈氛围要靠推销人员自觉地建立,包括自己得体的服装打扮和妆容,要做到礼貌在先、活泼不轻浮、主动不呆板、谦逊不骄傲、敏捷不冒失、直率不鲁莽。

(2) 语言流畅

在洽谈开始后,推销人员应巧妙及时地转入正题,并围绕主题目标进行交流,尽力实现阶段性或整体性目标。在与顾客语言交流时,以赞誉或请教的方式入题,语言内容层次分明、循序渐进、步步为营,保持语言流畅,达到使顾客广泛注意、集中思想、饶有兴趣的目的。

(3) 排除障碍

推销人员在推销活动中,经常会遇到推销阻力(如:顾客的不理解),此时就应及时、准确、直截了当地发表总结性的正确观点,以帮助顾客正确理解;再如,遇到顾客对接受价格的阻力,推销人员就要充分说明商品质优价高或物美价廉的具体理由,让顾客了解其原因并产生认同感。

五、人员推销的程序

推销人员为实现推销商品的任务和目标,必须严格遵循一定的程序,这样可以大大提高推销商品的工作效率。推销商品的程序如图8-4所示。

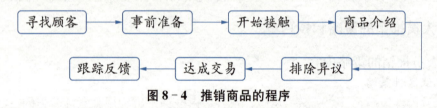

图8-4 推销商品的程序

1. 寻找顾客

这是指推销人员在一个确定目标市场上发现新顾客和潜在顾客。具体方法是:普遍寻访法、介绍寻访法和信息查询法。

2. 事前准备

推销人员在开展推销活动之前,要充分做好相关资料的准备。这些相关资料包括目标市场资料、顾客资料和商品资料等。

3. 开始接触

推销人员开始与顾客进行面对面的接触。在接触之中,要让顾客留下深刻和良好的印象,以保证后续工作的连续性。

4. 商品介绍

在推销商品的过程中,这是一个中心环节。在进行商品介绍的过程中,要介绍商品的整体优势和特点,要关心顾客视觉的突出印象,重点说明商品的长处及能为顾客带来的利益。

> **趣味讨论**
>
> 假如你是企业中的一位推销人员,请你以生活中的某一商品为例,作一个详细的商品介绍。

5. 排除异议

在推销人员与顾客交流的过程中,顾客一般都会对商品产生一定的异议,这就要求推销人员具有与持不同意见者洽谈的技巧,随机应变说服顾客。

6. 达成交易

当顾客被推销人员说服并接受购买商品以后,推销人员就可以与顾客签订购销合同,形成买卖,实现销售了。

7. 跟踪反馈

在商品实现销售以后,商品推销活动的过程并未因此而结束,推销人员还应及时了解顾客在使用商品以后是否满意,是否有问题需要解决。如有各种商品问题或顾客不满意等一系列问题发生时,销售人员应积极、及时地做好售后服务,同时还应做好全程跟踪记录,以此获得顾客的信赖。

课堂练习

企业为迅速而有效地打开并占领新商品市场,往往采用( )的基本形式。

A. 上门推销　　　　B. 柜台推销　　　　C. 会议推销

案例讨论

世界销售大师乔·吉拉德的秘诀——"250定律"

乔·吉拉德是美国著名的销售员,曾一度打破吉尼斯销售世界纪录,被誉为"销售之神"。他从1963年到1978年,一共推销出去了13 001辆雪佛兰汽车,其中12年都问鼎"世界第一推销员"。他总结出的"250定律",即每一位与你做生意的顾客都可能带来250名潜在顾客。如果你的服务出色,你的每位顾客就有可能发展出另外250人与你做生意;反之,如果你的服务拙劣,你就会完全失去这250名潜在顾客。

"250法则"之一:向每一个人推销。吉拉德认为,每一位推销员都应设法让更多的人知道他是干什么的,销售的是什么商品。

"250法则"之二:建立顾客档案。他在积累一定数量顾客后便去文具店买了日记本和卡片文件夹,把原来写在纸片上的资料重新整理并记录,建立起了他的顾客档案。

"250法则"之三:让客户帮助你寻找客户。乔·吉拉德认为,干推销这一行,需要别人的帮助。乔·吉拉德的很多生意都是由"猎犬"(那些会让别人到他那里买东西的顾客)帮助的结果。

"250法则"之四:真正的销售始于售后。推销是一个连续的过程,成交既是本次推销活动的结束,又是下次推销活动的开始。推销员在成交之后继续关心顾客,将会既赢得老顾客,又能吸引新顾客,使生意越做越大,客户越来越多。

思考:乔·吉拉德的成功带给你哪些启示?

第三节　广告策略

一、广告的基本概念

1. 广告的含义

所谓广告,就是指由特定广告主以付费方式对于构思、商品或劳务的非人员介绍及推广。这个定义中的广告主包括营利组织(企业)和非营利组织(如：宗教团体、慈善机构、政府部门等)。本节所讨论的广告策略主要适用于各种营利组织的广告,即商业性广告策略。

2. 广告的作用

在现代社会,信息潮流已遍及整个社会的每一个角落。在商品市场中,很少有人完全不受广告信息内容的影响而完全依照自己个人的意愿采取购买行为。因此,广告策略的运用能给企业带来无穷的效应和影响,广告在市场中所产生的作用是不可低估的。

（1）沟通信息

企业可以通过各种传播媒体将有关企业或其商品或服务信息向市场广泛传播,从而使现实顾客和潜在顾客寻找到想要购买的商品或服务,以扩大企业的销售量和影响力。

（2）诱导购买

在企业广告发生沟通信息的过程中,广告自觉或不自觉地对顾客产生不同程度的诱导力,从而唤起注意、引起兴趣、产生欲望,最终导致购买行为的结果。

（3）指导消费

顾客对商品性能、结构、用途和使用方法往往不了解,从而产生疑惑。企业通过广告信息的传播,可以把商品与顾客完全联系起来,以达到指导消费者正确、合理使用商品之目的。

（4）参与竞争

在竞争激烈程度不断扩大和提高的市场中,企业若稍有不慎,就很快会处于被动局面。企业为避免或摆脱这一不利地位或为争取更有利市场时,往往通过广告策略的运用,使企业不断扩大市场份额,争取更多消费者。这样,企业既取得了主动,同时又阻止了竞争对手进入自己的市场领域。

（5）文化传播

广告是一门科学,又是一门艺术。企业可以通过广告在载入商品信息和企业信息的同时,渗透各种文化内涵,以艺术的形式表现给顾客,让顾客享受一种文化艺术的感染,从而起到意想不到的效果。

> **要点警句**
> 广告能引起顾客的注意、兴趣和回忆,最终令企业惊喜不已。

3. 广告使用的前提条件

使用广告的营销方式,需有以下前提条件：
① 顾客对企业的商品或服务缺乏认识；
② 商品销售量处于下降趋势或要求不断增长；
③ 商品或服务的优点还未被察觉；
④ 商品或服务与竞争对手存在差异；
⑤ 市场不同层次的顾客存在收入差距。

二、广告的种类

1. 按不同内容分

（1）商品广告

商品广告是企业为推销商品而做的纯商品信息内容的广告。

① 开拓性广告：企业在新商品投放市场或尚未形成目标市场时所采用的诱发需求性广告策略，形成一种轰动效应。

② 竞争性广告：企业为进一步扩大市场份额或提高市场占有率，在与竞争对手激烈竞争时，进一步唤起顾客对本企业商品或服务的注意，形成一种选择性需求。

③ 比较性广告：企业在广告中突出自我信息，与竞争对手信息进行深刻比较，表现本企业商品的优势所在，形成烘托效果。

（2）企业广告

企业广告是以载入企业名称、品牌、企业精神、企业宗旨和企业概况等信息内容，以期在顾客心目中树立良好社会形象的广告。这种广告的推出是在已经有了较高市场知名度和美誉度的基础上，为巩固和稳定这一良好基础而实施的一种广告策略。

2. 按不同媒体分

根据不同的广告载体所分的不同广告种类及其所表现的优缺点等内容见表 8-2。

表 8-2 按不同广告载体所分的不同广告种类及其优缺点

媒 体		优 点	缺 点
视听广告	广播广告	速度快，及时，灵活性高，对象广泛，成本低	注意力难以集中，不易记忆
	电视广告	形象生动，易记忆，吸引力强，覆盖面广	费用高，制作难度大，时间短
	网络广告	速度快，面广，费用低，信息容量大，易保存，声像俱全，不受时间限制	接触人群有限
报刊广告	报纸广告	速度快，易保存，人群面广且稳定，信息容量大，费用低，制作简单	缺乏感染力，内容庞杂，易分散注意力
	杂志广告	专业针对性强，易保存	覆盖面窄，不及时
邮寄广告	商品样本	对象明确，灵活性强，有说服力	接受面小，收件人不易确定
	商品目录书		
	商品说明书		
户外广告	广告牌	内容简明易记，表现方式灵活、醒目，成本低	表现内容受限制
	招贴画		
	车身广告		
	霓虹灯广告		

三、广告信息的内容

广告信息的内容非常广泛,广告内容的设计并没有一种定式,任何企业的广告均有各种各样的特色或特点,但任何一种商业性广告就其内容而言不外乎有以下几个方面:

① 企业名称、品牌、住所、联系电话、E-mail 或网站;
② 商品名称、规格型号、功能、特点;
③ 商品实体形状、颜色、毛重、净重、体积;
④ 广告语、企业精神、经营宗旨等价值理念;
⑤ 商品使用地区、目标人群(说明年龄、性别、职业、阶层等)。

趣味讨论

针对生活中常见的任一商品,讨论、设计并制作一份广告。

四、广告信息的表达方式

如果把单纯的广告信息内容通过丰富多彩、生意盎然的形式加以表达,那将会表现出无穷无尽、意想不到的广告效果。广告信息的表达方式如下:

① 生活片段:表现目标人群在日常生活中正在使用本商品的场景。
② 生活方式:强调本商品倡导和顺应人们的生活潮流或时尚。
③ 音乐:一人或多人唱着本商品的广告歌曲,歌词中反复强调商品名称。
④ 幻境:针对本商品或其用途的使用,使人产生身临其境的感觉。
⑤ 人格化:使商品人格化,富有真实性。
⑥ 专门技术:表现企业所拥有的生产商品的专门技术和丰富经验。
⑦ 科学证明:表明商品完全合乎科学要求或国家标准。
⑧ 旁证:由权威人士、权威机构或普通用户现身说法,证明这种商品的功能属实。
⑨ 解决问题:表明本商品能切实解决人们的实际困难和问题。

课堂练习

若企业的目标消费者是青少年或儿童,则在实施广告策略时,适合采用的媒体形式是(   )。

A. 少儿杂志   B. 电视   C. 广播

案例讨论

评判广告,制作广告

① 寻找你身边的好广告,录制下来,进行评判。说出该广告是好广告的理由。
② 寻找你身边的差广告,录制下来,进行评判。说出该广告是差广告的理由。能提出改进意见更好。
③ 为自己的学校招生做广告,描述广告内容,提出广告方案。

要求:
1. 以上三题中,第③题必做,第①题、第②题选一个,也可以三题全做。
2. 希望同学们做成 PPT,下次上课时进行演示。

第四节 营业推广策略

一、营业推广的基本概念

1. 营业推广的含义

所谓营业推广,又称销售促进,是指企业在特定的目标市场中,为迅速刺激需求和鼓励消费者积极消费而采取的相应的促销活动。

2. 营业推广的特点

（1）非周期性

营业推广多用于短期或临时的促销,是一种非定期促销活动,与广告等促销手段相比,它更注重顾客直接采取的购买行动。

（2）刺激性

营业推广是一种刺激性强烈的促销活动,与广告等手段相比,广告提供了购买理由,而营业推广提供了购买的刺激。

（3）多样性

营业推广的措施或手段多种多样,有优惠券、赠品、样品、免费试用、购买折扣、有奖销售、商品展览等多种形式。

（4）见效快

只要营业推广的措施运用得当,其运用效果不像广告、公共关系那样往往需要较长时间才能显现,而是在很短时间内就能使企业的销售量发生较大的变化。

（5）短期性

由于营业推广主要吸引的是追求购买优惠的顾客,因此,它不易培养长期的购买者,顾客的人群队伍是不稳定而短期的。

要点警句

营业推广是企业在短时期内刺激顾客需求的强心剂。

二、营业推广的策略

1. 针对中间商的营业推广策略

（1）销售折扣

这是指企业对长期合作或做出销售努力的中间商给予一定的价格折扣,以回报它们的贡献。

(2) 合作广告

这是指企业出资资助中间商一起进行广告宣传,共同开发市场。

(3) 节日活动

这是指在各种节日来临之际,举办招待会、免费旅游等活动,邀请中间商参加,加强彼此的合作。

(4) 业务会议

这是指企业在销售旺季来临之前,举办商品展览会、展销会、订货会,邀请中间商参加,在短期内集中订货、补货,促成大量交易。

(5) 赠品

这是指企业向中间商赠送各种广告品,如:年历、工艺品、记事本、公文包、名片夹等。

课堂练习

企业之所以运用营业推广策略,是为了( )。
A.与中间商加强联盟　　B.提升市场良好形象　　C.增加销售数量

2. 针对推销人员的营业推广策略

(1) 销售竞赛

这是指企业在推销人员中开展销售竞赛,对销售额领先的推销人员给予奖励,以此调动推销人员的积极性。

(2) 销售红利

这是指企业事先规定推销人员的销售指标,允许超指标的推销人员提取一定比例的红利,以鼓励推销人员多多推销商品。

(3) 推销回扣

这是指企业从商品销售额中提取一定比例,作为推销人员推销商品的奖励或酬劳。利用回扣方式将推销成效与推销报酬结合起来,以提高销售数量。

(4) 实施培训

这是指企业有计划地开展培训活动,结合推销人员的职位和薪水收入水平确立培训目标,以激起推销人员的工作热情,实现其个人价值。

3. 针对顾客的营业推广策略

(1) 商品陈列、展示、表演

这是指企业在橱窗、货架、柜台、舞台中充分陈列、展示与介绍商品,说明商品的性能和特点,让顾客充分了解商品,打消顾客疑虑。

(2) 免费样品

这是指企业在新商品上市或商品还不为顾客所认知的时候,将商品分装成小包装,或公开广泛分送,或借助于特定的条件赠送给顾客,让顾客广泛接触商品。

(3) 有奖销售

这是指在一段时间内,企业对购买商品数量达到一定标准或购买指定商品的顾客给予一定的货币或实物奖励,以吸引顾客,扩大销量。例如,某商场顾客购物每满300减100,就是典型的有奖销售。

（4）赠品

这是指企业针对顾客购买指定商品而给予一定的赠品，例如，某超市顾客购买某品牌饮料满 50 元时就送一个保鲜盒。

（5）特殊包装

这是指企业利用商品包装的变化而制订出不同价格，以吸引顾客积极购买。

（6）优惠券、会员卡

这是指企业向顾客发放一种特殊凭证，使顾客在购买商品时，凭优惠券或会员卡，享受折价待遇。

> **趣味讨论**
>
> 在平时的商品购买中，你是否遇到过营业推广的具体案例？

> **案例讨论**
>
> **超市在不同时期的促销方式**
>
> 促销的一般目的是通过向市场和消费者传播信息，以促进销售、提高业绩，如扩大营业额、提高毛利额、稳定老顾客、增加新顾客、提高客单价、提高公司知名度等。然而超市在某一时期不定期会有促销活动的具体目的。根据促销目的的不同，促销方式也不尽相同。请根据所学知识，在不同场景下为超市选择适合的促销方式，填入横线上。
>
> ① 为获得广泛的传播效果，宜采取_____促销方式；
>
> ② 为获得长期效应，宜采取_____促销；
>
> ③ 为在短时间内击败竞争对手，宜采取_____方式。
>
> 综上所述，在制订促销计划时，首先要明确具体的促销目的。

第五节　公共关系

企业的营销都处于一定的经营环境之中，经营环境不时地对企业营销发生影响。因此，企业营销人员必须了解、掌握并能运用公共关系进一步开展营销活动。

一、公共关系概述

"公共关系"一词来自于英语 public relations，简称 PR，中文简称"公关"。

任何一个社会组织在其运作发展过程中，都必然置身于一种多维关系网络中。例如，一家企业与其员工、股东、消费者、新闻媒介、社区、政府和竞争者等都会发生种种社会关系。而构成这些社会关系的对象，就是该企业的公众。这里既有企业内部的各种关系，比如上下级关系、部门之间、个人之间的关系等，又有与企业外部门的各种关系，比如社区、政府、顾客、竞争者等关系。因此，公共关系是指企业利用一切非商业方式，间接地向顾客、用户等公众介绍、宣传企业和产品的营销活动。公共关系的任务就是处理企业与公众之间的沟通协调问题,使企业在开展经营活动时,争取得到公众的理解和支持,从而优化企业的生存发展环境。所以,企业开展公共关系活动就是要达到"内求团结、外求发展"的目的。例如,上海工业缝纫机股份有限公司面对激烈的市场竞争,为了扩大销售,借公司股票上市之际,花了两个多月时间,号召全公司六千多名员工参与设计、讨论"上海工缝"的企业精神,员工们共提出了五百多条口号,最后评选出"上在效益,工在管理,精在品质,神在人和"的口号,大家为之振奋。与此同时,企业还利用三百多平方米的围墙,建成颇具创意的"上海工缝"员工之墙,让全公司从总经理到一般员工都用油漆将自己的名字签在"员工墙"上,形成全体员工共筑的"力量之墙"。此举起到了极大的凝聚效应和震撼效应,大大地促进了缝纫机的销售。

公共关系是企业的一种无形资产,它与企业的资金、技术、人才并列为企业经营管理的"四大支柱"。

企业公共关系是不以人的主观愿望为转移的,是客观存在的,它制约着企业的生存和发展。任何企业面对特定的社会关系和公众都必然会做出反应。不同的反应将会带来截然不同的结果。如果企业非常注重"关系"资源的开发和利用,有计划、有目的地与公众沟通协调,企业会如鱼得水、左右逢源,取得较好的经营状况;如果企业缺乏传播沟通意识,消极、被动地应付各种关系时,企业往往会处于步履艰难、进退维谷的境地。例如,家禽养殖户通过公共关系活动,让人们认识了国内的家禽养殖状况,有利于问题的解决。

微课讲解
公共关系与
公共关系策略

趣味讨论

请客、送礼、拉关系是不是公共关系?广告与公共关系有什么不同?

二、公共关系的构成要素

1. 企业——公共关系的主体

企业是专门从事商品经营活动的独立经济实体。在激烈的市场竞争中,企业必须向外界准确、及时、有效地传播自己的信息,同时又要能及时地反映外界环境的变化,预测社会变动趋势,以赢得企业内部与外部公众的了解,建立良好的企业信誉和形象,达到预期目标。

公共关系的内容非常复杂,归纳起来可分两大类,一类是企业内部的公共关系,另一类是企业外部的公共关系。两大类公关的顺畅、融洽都有赖于企业自身的努力。所以,企业公共关系是企业"内求团结,外求发展"的重要手段。

就企业内部而言,企业需要全体人员为了今后企业的发展而共担风险、共同努力,企业领导、公共关系专业人员要主动、积极地对内部成员做好上下沟通、团结协作、群策群力的工作。就企业外部而言,企业必须将本身的发展目标和要求与社会公众沟通,及时向社会传递现实性的公众利益信息、企业管理动态信息、竞争姿态信息、职业道德信息等,取得公众理解、支持、同情、合作。所以,企业就是公共关系的直接承担者。

企业作为公关主体,首先要调动一切可以调动的积极因素,保证企业预期目标的实现。企业要使每位职工成为企业真正的主人,要听取职工意见,保障职工利益,不断改善职工生活,使职工把企业看作是自己的"家"。要协调好企业内部上下左右之间的各种关系,形成良好的团队合作,达到"家和万事兴"的境地。在企业外部纵横交错的主体网络关系中,企业要善于开拓、发展,使企业与竞争者、政府、社区始终保持良好的关系。其次,企业要创造良好的公关环境,发展良好的公众关系,促进企业目标的实现。企业既不靠请客送礼,也不靠吹牛说谎,靠的是真实、有效的信息交流,营造良好的环境,赢得公众的信赖。第三,加强公关宣传,确保企业经营目标顺利完成。企业要不断地向员工灌输公关知识,介绍公关经验,形成人人注重公共关系、个个参与公共关系的良好氛围。企业还要将公关工作贯穿到企业各项业务中去,以公共关系来确保企业目标任务的顺利完成。

2. 企业的公众——公共关系的客体

企业的公众就是企业公关中的公众,是公共关系的对象,是指对企业的生存和发展有重大利害关系和强大影响力的人所形成的群体或组织,如:顾客、政府部门、上级领导、新闻机构、业务往来的客户、社区以及同行业的竞争伙伴等,如图8-5所示。

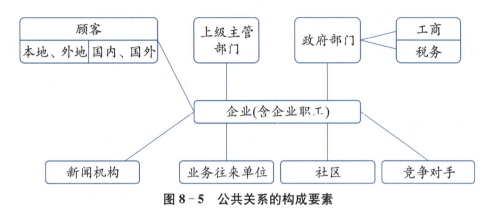

图8-5 公共关系的构成要素

主体是客体的基础,客体是主体的反映。企业公共关系的形象是由其客体——公众来评定的。因此,公共关系实际上也就是公众关系。

公众的存在是企业存在和发展的前提,任何企业都有自己特定的公众,任何一个企业只有不断地得到各种不同公众群体的支持和理解,才能解决好市场营销活动中的各种问题。所以,国外认为"顾客是上帝",说明了社会公众对企业的重要性。例如,上海百联集团在市区西部有一家购物中心,一贯注意发展与公众的良好关系,积极为社区公众服务。他们了解到社区居民生活比较富裕,重视孩子的钢琴培养,于是适时请专家来购物中心为孩子们讲授钢琴知识、演奏技术;还每隔一段时期,举办少儿钢琴比赛,对优胜者予以精神和物质奖励,在当地形成了学钢琴、买钢琴的热潮。该购物中心还经常深入社区开座谈会,调查公众需求并尽量帮助解决,还聘请街道干部、退休工人担任店风监督员,检查商店经营服务上的问题。购物中心凭此不断提高服务质量,改善服务态度,使购物中心的工作更上一层楼。

课堂练习

公共关系的客体是(　　)。
A.企业本身　　　B.企业的公众　　　C.信息传播体

3. 信息传播体——公共关系的媒介

信息传播体是指人们传递或获取各种信息利用的中介物体,即信息沟通的物质载体。

这些载体形式多样，如：报纸、杂志、电视、广播等等。

企业必须准确而又合理地选择信息传播体。一般来讲，企业对传播体的选择，必须遵循以下原则：

一是根据目标进行选择。如果要使公众全面、深入地了解信息，可选择报纸、杂志；如果只要求了解总体概括和大体思想，可选择广播、电视。

二是根据传播对象进行选择。如果传播对象是中老年人，宜选择广播；如果传播对象是儿童，则应选择电视。

三是根据传播内容进行选择。如果信息内容比较简单，可一次性说明内容的，则选择广播；如果内容复杂，需要经过思索，则选择报纸、杂志。

四是根据传播时间进行选择。如果信息需尽快传播，可采用广播；对那些既要传播快，又要全面了解的信息，可选择报纸。

五是根据经济能力进行选择。要尽量减少支出，取得更大的收益。

三、公共关系策略

在现代企业营销活动中，公共关系同市场营销存在着十分密切的关系，对促进企业营销活动具有举足轻重的作用。公共关系是现代市场营销最重要的手段之一。

> **要点警句**
> 公共关系强调双向传播沟通关系。

1. 专题创意

专题创意是指充分运用公共关系专业人员的创造性思维，以商品促销为目标，精心策划组织的，主题鲜明、具有轰动效应的公关活动。这种创意很难有一套固定不变的原则和方法，必须依靠企业公关人员的广博知识、丰富想象和实际经验去刻意创造。

（1）针对公众关注的热点进行专题策划

公众在不同的时期会重视不同的事物。寻找到当时公众热切关注，同时又能促进销售的事件，就需要企业公关部门从不同的角度和层次去挖掘，并在企业各方面人员，尤其是第一线营销人员的配合下去实现。例如，宁波杉杉西服1992年进入长沙市场，以"不要太潇洒"电视广告开路，并在各大商场设立展厅，"杉杉"品牌知名度和市场占有率不断上升。但是，"杉杉"形象与一般服饰品牌未拉开档次，于是，该公司公关人员抓住长沙市民对绿色环境的强烈需求和市政府发出的"绿化城市，美化长沙"号召，开展了一场以"绿满潇湘"为主题的绿色环保公益活动。首先是"绿化地球，美化长沙"万人签名活动，在长沙市最繁华的地段，邀请一万名市民在布制"环保绿叶"上签名留念。其次是在国庆期间布置"绿叶长廊"，用所有签名绿叶把长沙烈士公园人工湖上的长廊点缀成绿色景区，吸引游人观赏。《长沙晚报》以"许愿吧"为题，吸引市民前往"绿叶长廊"，"为生命、为绿色许一个愿，愿所有的美梦成真"。在整个长沙大街小巷为绿色而努力的氛围中，长沙"杉杉专卖店"潇洒开业了。大批消费者在绿色簇拥下来到"杉杉"，营销人员热情接待，使得"杉杉"品牌随着绿色环保理念在消费者中播下了种子。从此，"杉杉"品牌在众多服饰品牌中脱颖而出。

（2）抓住"新、奇、特"三个要素开展专题策划

消费者普遍存在好奇心理，只要充分运用"新、奇、特"手段，就能吸引公众，刺激需求，甚

至取得较好的轰动效果。例如,香港一家保险公司推出一种新品牌的防盗安全保险柜。为了迅速打开销路,在香港《大众报》《文汇报》登出一则广告:"本公司展厅保险柜里放有十万美金,在不弄响报警器的前提下,各路英雄可用任何手段取出来享用。"广告一出,轰动整个香港,前往一试身手的人如潮水一般涌来,有工程师、警察、侦探,甚至小偷,但都无一人得手。香港舆论为之大肆渲染,一时间,该防盗安全保险柜名满全港,购者如云。

（3）有意识地利用名人效应

权威人士、著名演员、节目主持人及明星有极高的知名度,受到公众的信任和青睐。将名人与企业联系起来会收到极好的效果。例如,创建于20世纪30年代的"老隆兴"菜馆,经改建复业后,为进一步弘扬其环境特色、高品位、名菜佳肴中价位的宗旨,请来店用餐的有关人士题词留言,一位副市长题词"老隆兴,日日兴,月月隆",吸引了众多消费者闻名前来。

2. 媒介事件

在现代社会激烈的竞争中,企业往往面对强手如林的竞争者。在竞争中独树一帜、提高知名度的最有效途径是借助于传播。所谓媒介事件,即企业专为新闻媒介进行宣传报道而策划的公共关系活动。例如,海南养生堂公司在推出朵尔胶囊产品时,在有关报刊举办"女人什么时候最美"的专题讨论。有人说"女人结婚时最美",有人说"女人年轻时最美",也有人说"女人取得成就时最美"等等。其实,这是没有标准答案的讨论题,但就在大家的讨论中,人们记住了海南养生堂,记住了朵尔胶囊,从而使新产品顺利地进入市场,销售额也大大增加。

与一般公关活动相比,媒介事件有着为新闻媒介所关注而竞相报道传播的特点,在提高知名度上是一般公关活动所不能望及的。但是,并非所有的公关活动都能成为媒介事件。新闻媒介所关注并乐于宣传报道的活动,必须符合新闻报道的原则。从公关活动策划的内涵上看,必须具备以下三个条件,公关活动才能构成媒介事件。

（1）重要性

这是指媒介事件具有在社会上影响较大而又为许多人所关注的性质,既是新闻报道的重要原则,也是构成媒介事件的重要因素。要注意的是,影响较大,并非仅指事件的大小。

（2）时间性

这是指媒介事件必须是发生在当前最新的事,才能引起媒介和公众的关注。例如,每年春节赶庙会是我国一大民间习俗,如北京蓝岛大厦在商场前举办了一次小庙会,不仅有琳琅满目的商品,还有猜谜、杂技、魔术等表演,规模虽小,但颇有民俗风情,电视台、电台及报界对此广为传播,成为一次成功的媒介事件,究其原因是抓住了时机。

（3）接近性

这是指媒介事件必须接近人们的关心热点、心理特征、风俗习惯等等。例如,人们买东西常常怕吃亏上当,北京某餐厅在开业时宣布:在开业后的三天内,每天前几名打进餐厅电话预约的顾客,可以在进餐后按满意程度付款,由于符合人们的"先尝后买"习惯,颇受公众关注,电视台几次进行专题报道。当然,选择一定的趣味性、生动性事件,公关活动也会起到事半功倍的效果。

3. 情感服务

情感服务是一种"服务型公共关系"的策略。所谓情感服务,就是以向公众提供各种实惠服务为特征,把企业形象与优质服务融合在一起,感动公众,加强理解,以具体的实际行动向公众表明企业的诚意。这在当前市场竞争激烈,商品质量、价格、服务内容大致趋同的情况下,尤其能显示出其独特的力量。正如海尔公司总经理梁海山说的:"只有饱和的思想,没有饱和的市场,关键是服务。"在空调紧缺的时候,人们只要能买到空调就满意了;当品种丰富了,人们就会选择价廉物美的;质量、价格差不多了,人们就开始要挑品牌了;而当牌子打响了,人们又瞄准了服务。情感服务,创造出一个个"海尔市场"。下面举例说明几种情感服务。

(1) 赠送礼品,增加消费者的亲近感

杭州市国际大厦百货商场曾针对"双休日"购物热潮,在周六上午商场开始营业时,由营业员向最先进入商场的前999位消费者赠送一盒巧克力,献上一枝玫瑰花。礼轻情意浓,此举大大增加了商场与顾客的亲近感,销售额比平时增加了十多万。同时,消费者的口碑、新闻媒体的报道,也使企业形象树立了起来。

(2) 由被叫方付费的热线电话

某公司率先开通"800"热线。"800"是电信部门提供的被叫(接话一方)电话集中付费业务,即对拨打电话的消费者是免费的。开通以来,不仅接受消费者的投诉,而且更多地收到热心消费者的建议和意见。这直接便利了消费者与公司的沟通,加强了互相的联络和交流,也提高了公司的知名度。同时,消费者提供的信息,使公司及时调整了电玩商品结构和营销策略,创造了开业以来最高销售业绩。

(3) 雨天借伞

上海华联吉买盛超市发现顾客购物回家碰到下雨时,只能滞留在商店里等雨停再回家。为了进一步方便顾客,该店特意收集了几十把广告伞(印有供应商公司、品牌名称的伞),以备在突然下雨时供顾客借用。顾客只要出示会员卡,并支付小额押金,就能借伞,还伞时即可领回押金。此举大大方便了居民生活。该店由此还增加了租借小车的服务项目,使购物较多的顾客免除了搬运重物的辛劳。

(4) 免费医疗咨询

上海第一医药商店每月20日开门前,在门口设摊为过路行人、附近居民提供医疗咨询、小伤包扎、量血压、宣传计划生育等免费服务项目。现在这些项目已经成为该商店制度,坚持了三十多年。尽管领导、员工不断更换,但为民服务始终没有中断。好多人盛赞第一医药商店的好风气,商店也因此大大提高了知名度、美誉度。

(5) 知识服务真诚心

"买相机,找王震"是上海华联商厦曾推出的一块"个人服务品牌",大家耳熟能详。王震当时是华联商厦照相机柜台的一名营业员,他坚持刻苦钻研,对新款照相机进行最深入的了解,并且出版了几本相关的专著。他用照相机知识真诚为顾客服务,赢得了顾客的心。

4. 公益活动

公益活动是指企业以不计报酬的方式参与社会公益事业,或出资捐赠,或出力支持某一项社会工程,这是现代企业公关最常用的方式之一。它有利于企业搞好同社区、政府部门和一般公众的关系,有利于树立起企业热心社会公益、造福于社会的良好形象。通过媒体的"放大",能迅速扩大企业的社会知名度和美誉度,博取社会各界对企业的好感和信赖。调查显示,凡热心公益活动的企业,在公众中的好感度超过90%,消费者进入商店对服务的戒心几乎为零。企业公益活动主要有以下五种:

① 对社会突发事件,比如企业对重大灾害的捐助。2008年我国汶川发生大地震,全国许多企业都捐款捐物。一方面帮助了灾民,另一方面宣传了自己。

② 赞助教育事业。比如企业为中小学、大学购买图书,拨款设教育奖学金,建造教学楼、实验楼、运动场馆,为教师提供教学资助费用,或者将资金用于资助贫困地区教育,建造希望小学等。

③ 赞助各类体育文化活动和赛事。体育是公众热衷的兴趣爱好,竞争激烈的高水平体育比赛,不仅能弘扬民族精神、促进民族经济,因公众极为关心而成为企业形象广为传播的一个有效途径。企业可以赞助举办某一比赛,或以企业名称命名球队。例如,我国每年都要举行足球联赛,不少球队都由相应名称的企业赞助,企业借公众对足球比赛的巨大兴趣和热切关注来提高知名度。除体育之外,各类文化活动,如:电视节、音乐会、戏剧演出、时装表演、文化出版、学术交流等,都能因吸引公众的关注而使企业扩大在社会上的影响。

④ 赞助社会福利事业和慈善事业。比如企业捐款创办敬老院、残疾人康复中心、孤儿院、社会弱势群体权益保障中心,对不幸人士献爱心等。企业还可提供有关食品、器材用于福利事业,赠送残疾人假肢、轮椅、助力器和康复用品等。

⑤ 资助社区活动。如果企业设置在居民生活的社区之中,那么搞好企业与社区关系对企业在公众中形象的确立影响很大。这项工作做得好,不仅会受到社区居民的欢迎和帮助,而且也有利于得到当地政府的帮助。资助社区活动的方式有很多,比如定期召开居民座谈会,定期开展便民服务,参加地区卫生工作和咨询活动等。近年来,还增加了企业与地区"双文明"共建,社区综合治理等方式,使企业成为社区的一员,从而增强了企业与周围公众的密切关系。

案例讨论

"白象"坚守正确价值观

2022年的"3·15"晚会后,国产品牌"白象"因一句"没合作,放心吃,身正不怕影子斜"火了。与此同时,关于"白象"拒绝外资收购、热心低调公益等事件在网络上被广泛流传,品牌的优质形象在一时间内为人所知,成为社交平台讨论的热点。据了解,"白象"一直坚持"优于行业标准,提升行业水平"的产品质量原则,并严格执行"安全问题零容忍,质量问题大于天"的管控要求。

企业立足自身成长的价值很重要,不仅要真正关注到价值本身,还要坚守住正确的价值观,以此来赢得消费者的尊重。

思考与讨论:
结合案例,分析企业塑造良好公众形象的重要性。

★★★★★ 本章汇总 ★★★★★

一、促销基本概述

1. 促销的含义

促销又称促进销售,就是卖方将有关本企业及商品的信息通过各种方式传递给消费者或用户,促进其了解、信赖,从而引起兴趣,并购买本企业的商品或服务,以达到扩大销售目的的一种营销活动。

2. 促销的方式
促销包括单向沟通、双向沟通两种方式。
3. 促销的程序
促销包括三个基本环节,即"译出""译进""反馈"。
4. 促销组合的含义
促销组合就是指促销方式(包括广告、营业推广、人员推销和公共关系)的选择、组合搭配及不断运用。
5. 促销的作用
促销有提供商业信息、提高竞争能力、巩固市场地位、开拓市场等作用。
6. 促销组合的基本内容
包括人员推销、广告、营业推广和公共关系四个方面。
7. 促销组合的影响因素
企业在运用促销组合时,往往受商品类型、市场状况、企业策略、购买过程各阶段、商品生命周期各阶段等因素影响,因此促销组合策略的具体内容有很大的灵活性。

二、人员推销

1. 人员推销的特点
人员推销有灵活性、选择性、完整性、功能性、信息反馈及时、费用高等特点。
2. 人员推销的目标
人员推销有发现和培养新顾客,将本企业商品和服务的信息传递给顾客,推销商品,提供服务,市场调研,分配商品等目标。
3. 人员推销的基本形式
人员推销有上门推销、柜台推销和会议推销等基本形式。
4. 人员推销的策略内容
人员推销策略包括试探性策略、针对性策略、诱导性策略等。
5. 人员推销的技巧与方法
包括创建和谐洽谈氛围、语言流畅、排除障碍等。
6. 人员推销的程序
包括寻找顾客、事前准备、开始接触、商品介绍、排除异议、达成交易、跟踪反馈等。

三、广告

1. 广告的含义
广告就是指由特定广告主以付费方式对于构思、商品或劳务的非人员介绍及推广。
2. 广告的作用
包括沟通信息、诱导购买、指导消费、参与竞争、文化传播等。
3. 广告的种类
① 按内容分:商品广告、企业广告。
② 按媒体分:视听广告、报刊广告、邮寄广告、户外广告。
4. 广告信息内容
包括企业名称、品牌、住所等;商品名称、规格型号等;商品实体形状、颜色等;广告语、企业精神等价值理念;商品使用地区、目标人群等。

5. 广告表达方式

包括生活片断、生活方式、音乐等。

四、营业推广

1. 营业推广的含义

营业推广又称销售促进,是指企业在特定的目标市场中,为迅速刺激需求和鼓励消费者积极消费而采取的相应的促销活动。

2. 营业推广的策略

① 针对中间商的营业推广策略:销售折扣、合作广告、节日活动、业务会议、赠品。

② 针对推销人员的营业推广策略:销售竞赛、销售红利、推销回扣、实施培训。

③ 针对顾客的营业推广策略:商品陈列、展示、表演,免费样品,有奖销售,赠品,特殊包装、优惠券、会员卡。

五、公共关系

① 公共关系的含义:指企业利用一切非商业方式间接地向顾客、用户等公众介绍、宣传企业和产品的营销活动。

② 公共关系的构成要素:企业——公共关系的主体;企业的公众——公共关系的客体;信息传播体——公共关系的媒介。

③ 公共关系策略:包括专题创意、媒介事件、情感服务、公益活动。

第九章　数字营销

【学习目标】

通过本章内容的学习,能够熟悉数字营销的内涵、数字营销的构成要素和数字行销的特点,了解数字营销的发展过程,知道数字营销的技巧及发展趋势等,并能运用简单的数字营销知识分析企业的数字营销行为。

案例导引

国家图书馆数字藏品,打造国潮营销新风尚

由国家图书馆创作的"诗词中的国家图书馆"数字藏品,于 2022 年 5 月 26 日在微博小程序平台正式上线。作品从国家图书馆浩瀚馆藏中撷取经典诗词,配合国家图书馆场景,经过二次创作制作而成。该作品以"诗词中的国家图书馆"为主题,共有风、花、雪、月四个系列,每个系列有 10 款相关主题的馆藏诗词数字藏品,以盲盒形式上线,总计 5 000 张,每个系列每个用户限购一张。单系列藏品定价 39.9 元,集齐四件数字藏品还可以获得国家图书馆提供的手账本礼盒。该数字藏品一经上线就得到用户巨大青睐,发布当天微博"国图数字藏品微博首发"话题登上热搜,阅读量达 7 424.3 万,并引发用户热议互动,许多网友在 90 秒内购买了 4 个系列数字藏品,用自己的方式深刻诠释着"时光流转,经典永存"。博物馆数字藏品销售的兴起,让文物文化以更加时尚化的方式走进千家万户,让继承传播传统文化有了全新方式。数字艺术与文化 IP 的结合,借助数字营销平台,为数字化产品打造营销话题,通过内容营销抓住用户需求和用户存量,实现目标用户精准定位,激发了文创市场数字营销的创新活力。

从该案例可以引出:
- 国家图书馆是通过什么营销方式进行数字藏品销售?
- 数字藏品的营销具有哪些特色?

本章可以帮助大家了解数字营销的构成要素、特点、发展、技术和职业素养的相关知识。

第一节　认识数字营销

一、数字营销的内涵

(一) 数字营销的概念

数字营销是指在数据化时代,以用户为核心,数字化工具为手段,通过寻找、发现、留存、感动用户并促成转化,以达到协同营销效果的一种营销方式。数字营销需要基于明确的数据库对象,通过数字化多媒体渠道,实现营销精准化,营销效果可量化、数据化,数字营销流程示意如下图 9-1 所示。

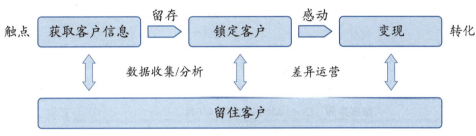

图 9-1　数字营销流程示意

(二) 数字时代的 4R 营销模式

美国营销学者艾略特·艾登伯格最早提出了 4R 营销理论,该理论以关系营销为核心,重在建立顾客忠诚。该理论主要包含四个营销组合要素,即关联(Relativity)、反应(Reaction)、关系(Relation)和回报(Retribution)。随着市场的发展,企业需要从更高层次以更有效的方式在企业和客户之间建立区别于传统的新型主动性关系。

在数字时代,营销不仅要对"STP+4P"的传统思维模式进行升级,还必须建立一套战略性、可操作性、容易理解并可以精准概括的数字营销方法,目前公认被运用得较多的数字营销 4R 模式主要包含以下四方面内容:它将人群画像分析(Recognize)、数字信息触达(Reach)、客户关系连接(Relationship)和营销关系交易与回报(Return),如图 9-2 所示。

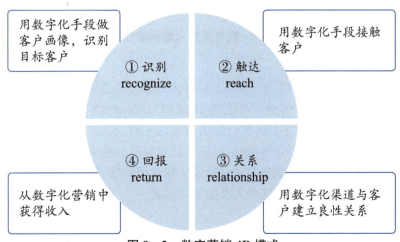

图 9-2　数字营销 4R 模式

1. 人群画像分析

通过数据和分析技术来了解目标受众的特征和行为,以制定精准的营销策略。通过收集和整合数据、进行统计分析、人群细分和建立画像模型(如图9-3所示),企业可以深入了解目标受众的需求和兴趣,并通过个性化营销和定向广告等手段提高市场响应率和客户满意度。这种分析方法可以帮助企业更有效地定位市场、推出定制产品、实施精准营销活动,提升数字营销效果和市场竞争力。

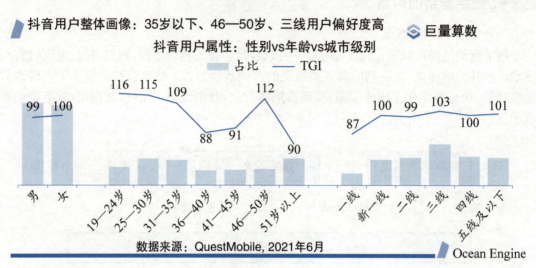

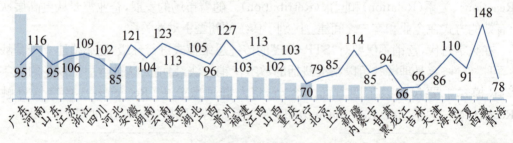

图9-3 抖音用户人群画像分析

2. 数字信息触达

数字信息触达是通过各种数字渠道和工具将营销信息传达给目标受众的过程。这包括电子邮件、社交媒体、搜索引擎营销、智能推荐、O2O(Online to Offline)等多种触达途径。为了有效触达目标受众,企业需要了解受众的渠道偏好和行为习惯,精准选择适合的数字渠道,并结合个性化营销和定向广告等策略,以确保数字信息的准确触达和有效传播。通过垂直领域的渗透,一些大型的旅游服务类平台形成了与各类消费者沟通的多样化触点,而这些触点如同品牌的毛细血管,连接着细分人群的不同需求。

3. 客户关系连接

通过数字化工具和技术建立和维护与目标客户之间的密切联系和互动。客户关系连接的目标是建立良好的客户关系,促进客户忠诚度和口碑传播,同时增加客户参与度和交易频率。通过定期沟通、个性化推荐、快速响应和个别化服务,企业能够与客户建立更紧密的联系,了解他们的需求和偏好,并为其提供更优质的体验。例如,活跃的品牌社群可以保证企业在"去中介化"的情境中与客户直接发生深度联系。客户关系连接就是帮助客户来实现自我,为企业积累客户资源。

4. 营销关系交易与回报

营销关系交易是指通过数字渠道促使潜在客户转化为实际购买者,实现销售和交易的目标。通过有效的数字营销策略,如个性化推荐、定向广告和购物车提醒等,企业可以引导潜在客户完成购买行为,并增加交易价值和销售额。

营销关系回报是指通过数字营销活动获得的收益和回报。这可以包括多个方面,如增加销售额、提高客户忠诚度、扩大品牌影响力、获得口碑传播和增加市场份额等。数字营销提供了实时数据和分析工具,可以评估和衡量营销活动的效果和回报。通过不断优化营销策略、分析关键指标和了解客户反馈,企业可以最大化营销关系交易和回报,提升数字营销的效果和投资回报率。

微课讲解
数字时代的4R营销模式

(三) 数字营销的特点

与传统的营销方式相比,数字营销通过充分利用数字技术和在线平台,企业可以更好地了解消费者、提供个性化的营销体验,提高营销效果和效率。数字营销已经成为现代营销的重要方式,对于企业实现业务增长和竞争优势至关重要。数字营销具有以下五个特点。

1. 产品数字化

数字营销的首要特点是将产品或服务数字化。通过将产品信息、功能和价值转化为数字形式,可以更好地在互联网上展示和推广,吸引潜在客户的注意力。数字化的产品也可以在不同的在线平台上更容易地进行推广和销售。例如,咪咕曾推出"博物馆5·18文创节",从文博内容出发,围绕"云逛馆"、VR特展、文创产品等多维角度,共同打造数字产品,并且通过电商直播,同步淘宝、拼多多、苏宁等多方电商平台,共同打造出"将博物馆新文创带回家"的理念。

2. 信息集成化

数字营销通过整合各种信息资源,包括消费者数据、市场趋势、竞争对手信息等,以帮助企业做出更明智的营销决策。通过信息集成化,企业可以更好地了解消费者的需求和偏好,从而定制个性化的营销策略,提供更精准的产品推荐和营销信息。营销技术的进步促使企业加速数字化转型的进程。数据管理平台主要服务于企业的广告精准投放,而企业想要取得优势,核心是整合好自己的数据,即通过整合网站、APP、小程序、柜员机等不同类型的客户触点,以及企业内部系统,将与之对应的数据链接到该平台,据此建立一个全方位的、立体的客户数据界面。企业只有拥有了这个基础,才能够建立真正的精准营销体系,提升客户体验。

3. 业务在线化

数字营销将营销活动的主要环节在线化,包括广告投放、销售渠道、客户服务等。通过在线渠道,企业可以更便捷地与消费者进行互动和交流,提供及时的客户支持和解决方案。在线化的业务也使得企业可以更好地追踪和评估营销活动的效果,随时调整策略。例如,面对业绩下滑危机,斐乐运动品牌通过关闭门店转向线上销售,将原线下销售的主打产品转做

"线上专供款"促销,同时清库存的折扣款转型成了各大直播间的抢手货,双管齐下推动公司整体电商渠道收入增长了22%。

4. 数据算法化

数字营销依赖于数据的收集和分析。企业可以通过各种数据工具和技术,收集消费者行为、偏好、购买历史等数据,并运用数据分析和算法来洞察市场趋势、优化营销策略。数据的算法化使得企业能够更好地理解消费者,预测市场需求,并做出更准确的决策。譬如服装网站 Stitch Fix,在个性化推荐机制方面,大多数服装订购网站采用的都是用户提交体型、风格数据与编辑人工推荐的模式,Stitch Fix 的不同之处在于它还结合了机器算法推荐。这些用户提供的身材比例、主观偏好等数据,加上销售记录的交叉核对,挖掘每个人专属的服装推荐模型,实行"一对一"营销,大大提升了用户满意度。

5. 营销智能化

数字营销借助人工智能和机器学习等技术,实现营销的智能化。通过自动化工具和算法模型,企业可以自动化地执行广告投放、个性化推荐、客户分析等任务,提高效率和精确度。营销智能化可以帮助企业更好地理解和满足消费者的需求,提供更个性化和优质的营销体验。营销智能化也被称作 AI 营销。根据《2022AI 营销白皮书》显示,44%的广告主认为AI 营销将在未来两年超越私域流量营销、短视频营销、直播营销、社群营销、二次元营销等数字营销形式,成为未来主流营销概念和营销手段,AI 营销也将成为数字营销的下一个发展阶段。比如百度研发虚拟试妆智能服务,通过面部多处打点技术,用户获得高度贴近真实的试妆体验效果,还可以直接通过小程序购买相关的产品。

二、数字营销的发展

数字营销自开始萌芽,都随着数字技术日新月异的进步在飞速发展着。

(一)基于 Web 1.0 的单向营销

以 20 世纪 90 年代初万维网(world wide web)诞生,Internet 成为全球网络互联的背景。在这个时期,互联网的发展刚刚起步,企业主要是通过网站、电子邮件和简单的在线广告来进行营销活动。

企业主要采用单向的传统广告模式,将信息通过网站展示给消费者,以期引起他们的兴趣并促成购买行为。这种模式是单向的,企业通过网站和电子邮件向消费者传递广告信息,消费者只能被动地接收这些信息,无法直接参与互动。该阶段以 1994 年 10 月 27 日 AT&T 在 HotWired.com 上投放全世界第一条互联网商业广告为标志;1997 年推出的 Pop-Up 广告、推出的 Pop-Under 广告、2002 年各式广告形式的涌现为代表。

(二)基于 Web 2.0 的互动营销

Web 2.0 的出现为数字营销带来了革命性的变化,使得营销变得更加具有互动性、参与度和个性化。Web 2.0 时代的重要标志是社交媒体的兴起。企业开始利用 Web 2.0 的技术和平台,与消费者进行更加积极的互动,纷纷建立起品牌与消费者之间的互动关系。广告主将更多的广告预算投入从线下转为线上。

企业通过微博官方平台,发布即时的更新和信息,与粉丝进行互动,传播品牌价值和故事。随着移动互联网的发展,微信成为了数字营销重要的平台之一。企业可以通过微信公众号和小程序等功能,与用户进行更加直接和便捷的互动,如提供产品信息、优惠活动和客户服务。例如,来自厦门的品牌"糯米酒先生"在半年多的时间里,在微信上已有近 22 500 名粉丝,每月有近 5 万的销售额,糯米酒定价 60 元/斤,多数客户一次性会购买 5~10 斤,因此每单价格在 300~600 元不等。短短数月就取得如此佳绩,离不开品牌善于利用微信平台充分施展的营销技巧。

(三) 基于大数据的精准营销

这是指以收集分析用户搜索、浏览、点击等数据为基础,协助企业精准了解用户偏好及需求,从而使营销活动更加集中高效。企业通过收集、整理和分析大量的用户数据,包括用户行为、兴趣偏好、消费习惯等,来了解用户需求和行为模式,并基于数据洞察做出精准的营销决策。例如:企业可以将广告、推荐和营销信息定制为符合用户兴趣和需求的个性化内容,提供更加精准和有针对性的用户体验,增强用户参与和购买意愿。

基于大数据的精准营销强调跨渠道整合的营销策略。通过整合不同的数字渠道,如社交媒体、移动应用、电子邮件等,企业可以实现多渠道的用户触达和互动,提升品牌曝光度和传播效果。但是,随着用户数据的大规模收集和使用,用户隐私保护和数据安全变得尤为重要。企业需要遵守相关法规和政策,确保用户数据的合法使用和保护,并建立信任关系与用户进行良好的数据共享。

(四) 基于商业生态圈的生态营销

数字技术的高度发展和移动互联网的盛行,推动商业模式的不断更新,通过生态圈内企业间数据共享、策略导流,实现产品的个性化定制与广告的定向投放,线上线下渠道的融合和消费者需求的精准锁定。数据的共享和整合使得企业能够更好地了解市场需求,优化营销策略,提供个性化的产品和服务。

创新的营销方式和技术的应用将推动商业生态圈的发展和数字营销的进步。企业在商业生态圈中承担起更多的社会责任,注重环境保护、社会公益等方面的贡献,以赢得用户和社会的信任和支持。例如,小米依托于成熟的操作系统,搭建了线上营销生态圈,布局热门平台营销,促使小米智能家居产品能以手机移动端为连接枢纽,为用户提供智能生活整体解决方案,将"小米生态科技"的理念植入消费者意识之中。

(五) 基于人工智能的 AIGC 营销

以人工智能大模型技术应用为特征,在数字营销体系中,生成式人工智能技术的出现进一步修补了数字营销存在的痛点,推动营销模式的再创新。生成式人工智能(英文全称是 Artificial Intelligence Generated Content,简称 AIGC),通过训练模型和大量数据的学习,AIGC 可以根据输入的条件或指导,生成与之相关的内容。通过输入关键词、描述或样本,AIGC 可以生成与之相匹配的文本、图像、语音、视频等。AIGC 在内容生产、创新运营、客服、销售、洞察决策五个方面为营销模式创新提供了新的思路。例如市场认知阶段的核心价值是创意参考,AIGC 可赋能环节包括:广告策略、品牌传播、市场分析、CEM(客户体验管理系统)、SEO(搜索引擎优化)、DSP(需求方平台)、SSP(供应商平台),通过生成广告创意与投放优化参考,包括广告设计、广告内容、投放渠道策略和投放分析,从而提高广告效果和投放效率。

课堂练习

数字营销 4R 模式的要素包括:( )
A. 人群画像分析(Recognize)　　B. 数字信息触达(Reach)
C. 客户关系连接(Relationship)　　D. 营销关系交易与回报(Return)

> **案例讨论**
>
> ### 蒙牛——"要强"精神与世界杯同频共振
>
> 作为第22届足球世界杯全球官方赞助商,蒙牛在世界杯决赛圈比赛开始前40天发布了一支以"青春不过几届世界杯"为主题的宣传广告,将两代人的青春成长历程贯穿于世界杯发展的历史中,也将品牌的发展穿插在时代变迁、集体记忆等具象化画面和细节里。比赛期间,蒙牛以品牌双代言人梅西和姆巴佩的球迷视角,推出两位代言人"要强人生"的30秒故事广告,从而将代言人特质和品牌"要强"精神深度绑定。决赛之际,蒙牛则根据两位代言人"以球之名顶峰相见"的热点,顺势发起"梅西姆巴佩 蒙牛更爱谁""你可以永远相信蒙牛的代言人"等话题,并打造"M^3组合承包大力神杯之夜"创意主题海报,将代言话题转化为更有参与度的社交互动,两个话题总阅读次数超过3.4亿次。同时在决赛现场打出"今晚彻底不慌了"的广告标语,与上一届世界杯热梗遥相呼应,直接将"蒙牛今晚彻底不慌了"送上热搜榜,引发网友带话题自发创作内容,为蒙牛带来4.5亿的阅读量及12.4万的讨论量。蒙牛基于"要强"的品牌精神与"长期主义"的策略,凭借非常可观的社交互动量、高分品牌口碑等数据登上秒针营销科学院2022世界杯品牌数字资产10强榜首,在捆绑体育资源和赛事的社交营销中成为世界杯的见证者和陪伴者,展现了中国品牌的格局与情怀。在将中国体育精神讲给世界听的同时,蒙牛也成为走向世界的一张"中国名片"。
>
> 请分析:
> 1. 蒙牛利用了哪些数字媒体进行宣传?
> 2. 蒙牛的数字营销品牌建设处于哪个数字营销阶段?

第二节 数字营销技巧及发展趋势

随着人工智能的兴起和快速迭代,数字世界彻底改变了人们工作与生活的方式,数字领域已经转变为一个巨大的"引力场",而不仅仅只是一种信息交换、互动和社交联系的媒介。如今,互联网促进了各种营销活动,从广告到在社交媒体上与客户互动,有很多技巧和方法可以通过数字营销使卖家与受众建立联系。本节将向大家介绍一些数字营销技巧及相关技术的发展趋势,旨在帮助营销人员提升在线营销成功的机会。

一、数字营销技巧

(一)搜索引擎营销技巧

1. 搜索引擎优化

搜索引擎优化(Search Engine Optimization,即SEO)是指优化网站内容、技术设置和加大覆盖范围的过程,以便让页面关键词出现在搜索引擎结果的顶部。当访问者表现出他们正在搜索相关产品的行为时,使用SEO可以将访问者吸引到企业网站。

SEO的优点是可以为网站带来大量的自然流量,提高品牌知名度和信誉,降低营销成本,增加转化率和客户忠诚度。

SEO 的缺点是需要长期的投入和耐心,效果不会立竿见影,而且需要不断地跟进和调整,适应搜索引擎的变化和竞争者的行动。

比如,当用户搜索"什么是数字营销"时,会看到"Oracle 中国"的网站排在第一位。这说明"Oracle 中国"在这个关键词上做了很好的 SEO 优化,包括页面标题、描述标签、URL 结构、内容质量和相关性等。"Oracle 中国"的网站也可通过 SEO 让很多高质量的外部链接指向它,提高了它的权威度和信誉度。

2. 搜索引擎营销

搜索引擎营销(Search Engine Marketing,即 SEM)是一种极具影响力的点击付费制广告模式,即营销主体向搜索引擎付费,使访客搜索特定关键字时,搜索引擎将营销主体的营销消息和链接展示在突出位置。

SEM 的优点是可以让企业快速获得目标流量和曝光度,只需为实际的点击付费,而不是为展示次数付费。SEM 还可以让企业精确地控制广告预算和出价策略,以及测试和优化企业的广告效果。

SEM 的缺点是需要不断投入资金才能保持效果,而且竞争很激烈,导致点击成本不断上升。SEM 还需要进行精细化的管理和优化,以提高质量得分和转化率。

例如,当用户搜索"数字营销课程"时,会看到某些公司名称以链接的形式被排在搜索结果的顶部。这些链接都有一个小的"广告"标志,表示它们是付费的。这些网站都是提供在线教育服务的平台,它们通过 SEM 来吸引用户点击链接,并进入相应的网站,也只有在用户真正点击进入链接时,投放企业才需要向搜索引擎付费。

(二) 网站营销技巧

1. 网站设计和营销

网站设计和营销是指营销主体通过创建或优化已有网站,提供一个美观、易用、快速、安全、适应性强的在线平台,让产品的受众可以更好地浏览产品信息,了解品牌文化,在线购买产品或服务,与卖家建立联系和互动的一种数字营销形式。

网站设计和营销的优点是可以让企业全方位展示品牌形象和价值主张,为受众提供有价值和相关的内容,建立信任和忠诚度,增加品牌知名度和曝光度,提高网站流量和转化率,提高 SEO 排名和社交分享。

网站设计和营销的缺点是需要花费大量的时间和精力来创建和管理高质量的网站内容,以及持续地与受众进行有效的沟通和互动。网站设计和营销还需要跟踪和分析各种指标,以评估网站设计和营销活动的表现和影响。

微信小程序是一种在微信内部运行的应用程序,无需另外下载或安装,可以提供各种服务或功能给用户,例如购物、娱乐、教育等。营销主体可以使用各种工具和技术来创建和优化专属微信小程序,例如微信开发者工具、云开发等;还可以使用各种元素和功能来提升用户对于微信小程序的体验,例如菜单栏、搜索框、按钮、表单、弹窗等。

2. 展示广告

展示广告是指使用图像、视频或音频等多媒体元素作为传递信息和促进行动的工具,在其他网站或平台上展示企业的品牌、产品或服务的一种数字营销形式。例如,当用户在网站上浏览时,会看到一条来自 Apple 的图像广告,介绍了苹果的一款智能手表。这条图像广告正是一种展示广告形式,旨在展示某个品牌、产品或服务,增加品牌知名度和曝光度,提高网站流量和转化率。这条图像广告会使用一个引人注目的图片、一个简洁而有力的文案、一个明确的呼吁行动按钮,一般都会标注有一个小的"广告"标志。当用户点击链接,便能进入相关的网站或应用程序。

展示广告的优点是可以让企业在各种网站或平台上展示企业品牌、产品或服务,增加品牌知名度和曝光度,提高网站流量和转化率,提高目标受众的覆盖率。

展示广告的缺点是需要花费大量的资金和资源来创建和管理高质量的展示广告内容,以及与受众进行有效的沟通和互动。展示广告还需要跟踪和分析各种指标,以评估展示广告营销活动的表现和影响。

(三)社交媒体营销技巧

1. 社交媒体营销

社交媒体营销(Social Media Marketing,即 SMM)是指利用社交媒体网络(如微信、微博、小红书等)来创建和分享内容,并与受众建立联系和互动的一种数字营销形式。

SMM 的优点是可以让企业直接与目标客户、潜在客户和合作伙伴建立联系,了解他们的需求和反馈,提高品牌知名度和忠诚度,增加网站流量和转化率。

SMM 的缺点是需要花费大量的时间和精力来创建和管理高质量的内容,以及与受众进行有效的沟通和互动。SMM 还需要跟踪和分析各种指标,以评估社交媒体活动的表现和影响。

2. 网红营销

网红营销属于社交媒体营销的一种形式,涉及来自网红、个人和组织的认可和产品植入,这些人和组织具有一定的社会影响力或是某领域的权威。

网红营销的优点是可以让企业借助网红的声誉和影响力来提高品牌知名度和忠诚度,增加网站流量和转化率,降低营销成本,扩大受众范围。

网红营销的缺点是需要花费大量的时间和精力来寻找和联系合适的网红,以及与他们建立良好的合作关系。网红营销还需要跟踪和分析各种指标,以评估网红营销活动的表现和影响。

(四)内容营销技巧

1. 内容营销

内容营销是指创建和分发有价值、相关和一致的内容,以吸引和留住明确定义的受众,并最终驱动盈利型客户行动。

内容营销的优点是可以让企业充分展示产品相关的专业知识和品牌的权威性,提供有用和有趣的信息给受众,建立信任和忠诚度,增加品牌知名度和曝光度,提高网站流量和转化率,降低营销成本,提高客户终身价值。

内容营销的缺点是需要花费大量的时间和精力来创建和管理高质量的内容,以及持续与受众进行有效的沟通和互动。内容营销还需要跟踪和分析各种指标,以评估内容营销活动的表现和影响。

2. 电子邮件营销

电子邮件营销是指使用电子邮件作为传递信息和促进行动的工具,以建立和维护与受众的联系和互动的一种数字营销形式。

电子邮件营销的优点是可以让企业直接与目标客户、潜在客户和回头客建立联系,提供定制化和个性化的信息和报价,增加品牌知名度和忠诚度,提高网站流量和转化率,降低营销成本,提高客户终身价值。

电子邮件营销的缺点是需要花费大量的时间和精力来创建和管理高质量的电子邮件内

容,持续与受众进行有效的沟通和互动。电子邮件营销还需要跟踪和分析各种指标,以评估电子邮件营销活动的表现和影响。

3. 文本消息

文本消息是指使用短信或彩信作为传递信息和促进行动的工具,以建立和维护与受众的联系和互动的一种数字营销形式。

文本消息的优点是可以让企业直接与目标客户、潜在客户和回头客建立联系,提供及时和紧急的信息和报价,增加品牌知名度和忠诚度,提高网站流量和转化率,降低营销成本,提高客户终身价值。

文本消息的缺点是需要获得用户的授权和手机号码才能发送信息,以及遵守各种规则和标准,以确保信息的真实性和透明度。文本消息还需要跟踪和分析各种指标,以评估文本消息营销活动的表现和影响。

例如,当用户在"饿了么"的平台上订购了一份比萨,会收到一条来自该比萨品牌企业的短信,确认订单详情,并提供一个链接,让用户可以跟踪订单状态。这条短信是一种文本消息营销形式,旨在提供及时和准确的信息给他们的受众,提高服务质量和信誉度,增加复购率和推荐率。

4. 视频营销

视频营销是指使用视频作为传递信息和促进行动的工具,以建立和维护与受众的联系和互动的一种数字营销形式。

视频营销的优点是可以直观展示企业的产品或服务的功能和优点,提供有趣、引人入胜的信息和故事,建立情感和信任,增加品牌知名度和忠诚度,提高网站流量和转化率,提高SEO排名和社交分享。

视频营销的缺点是需要花费大量的时间和精力来创建和管理高质量的视频内容,以及与受众进行有效的沟通和互动。视频营销还需要跟踪和分析各种指标,以评估视频营销活动的表现和影响。

5. 赞助内容营销

赞助内容营销是指通过赞助的形式,企业作为品牌向另一家公司或实体付费,以创建和推广某种方式展示品牌或服务的内容。网红营销其实也属于赞助内容营销的一种方式。通过这种类型的赞助内容,赞助品牌行业中的网红在社交媒体上发布与公司相关的帖子或视频。此外,另一种类型的赞助内容则是原生广告。通过这种类型的赞助内容,赞助品牌在与之相关的网站或平台上发布与其内容相匹配的广告。这些广告通常以文章、视频或图像的形式出现,看起来像是网站或平台的一部分,而不是明显的广告。

赞助内容的优点是可以让企业借助其他媒体或实体的声誉和受众来提高品牌知名度和信任度,增加网站流量和转化率,提高内容质量和相关性。

赞助内容的缺点是需要花费大量的资金和资源来寻找和联系合适的合作伙伴,以及与他们协商和制定合作协议。赞助内容还需要遵守各种规则和标准,以确保内容的真实性和透明度。

二、数字营销的变化和趋势

数字营销是一个不断变化和发展的领域,需要不断地适应和创新,以应对市场的需求和挑战。随着互联网科技的发展,当前的数字营销呈现出如下变化和趋势:

1. 人工智能应用加速

人工智能赋能数字营销,这种强技术导向的营销实践应用需要企业拥有相应的专业技术团队来支持数字营销实践。

为了适应数字技术在企业营销活动中的深度赋能,企业管理者必须考虑用更加灵活的组织管理机制,来推动技术、业务、营销等功能之间的整合与协同,还要在决策方法上保持灵活性与开放性。

企业进行数字化营销的核心并不只是运用营销技术与工具,还需要从根本上将数字营销与业务战略及营销战略之间的承接与支撑关系理顺。以此为基础,企业可以洞察趋势、审时度势,并根据市场变化,有针对性地对营销组织、管理能力、技术支撑等方面进行调整与设计,从而保证数字化营销可以很好地完成企业与最终用户之间的无缝连接和交互,使其可以更加与时俱进地创造并传递出独一无二的业务价值主张,树立起品牌在市场端的领先优势。

2. 结果导向的数字营销加速

在目前的市场环境中,以结果为导向的数字营销正在不断加快发展,其背后有三大驱动力:线上和线下营销预算替代、数字营销注重品效合一、"物联网+大数据"技术的运用有助于提升营销效果。

要真正实现一个以结果为导向的数字营销,那么它就必须在思维层面、技术层面、考核体系层面上,对业务的挑战进行清晰地认识和应对,这样才能自上而下地形成一个统一的营销闭环逻辑构想,拥有与之相匹配的技术手段和依据,并对预算分配进行优化,并制定出一个整体的营销策略。

3. 数字营销组织内部化

企业要想利用数字营销来建立竞争优势,就必须考虑在企业内部培养出像数据洞察与运营这样的关键能力,同时还要保证数字化技术应用、用户体验管理、品牌与产品营销、创意内容制作与传播、数据管理与洞察等多职能之间的业务协同和一致性。

数字化营销需要企业追踪并评价其营销效果,一些品牌开始不断地将数字营销的执行团队内化为己用,重新构建与服务商、媒体之间的关系,以此来提升运营的效率,降低营销的成本。

4. 基于大数据的营销智能化

基于大数据的智能推荐是当前市场上广泛使用的一种方法。有很多的案例表明,灵活运用智能推荐算法可以给公司带来可观的收入增长。例如,某服装和配饰零售商,该零售商根据每位购物者实时行为和历史数据,对他们的兴趣偏好进行了解,从而制定出对其商店产品推荐的策略,向消费者推荐与他们兴趣相符的产品,这可以帮助消费者在海量的产品集合中快速找到自己想要的产品。

5. 数字营销内容多元化

数字营销内容多元化还可以从"关键意见领袖"(key opinion leader,即 KOL)推荐、短视频、用户自创内容(user generated content,即 UGC)这三个方面进行。以 UGC 为例,通过鼓励用户自发地形成与品牌有关的高质量的内容和传播资源,可以提高用户与品牌之间的持续互动,从而促进口碑的产生。

企业要有效地实施 UGC 营销体系,最大的难点与挑战在于怎样才能让用户真正地实现自发地、与品牌相关的、持续的、广泛的内容传播。许多企业都经过了精心地打磨,设计出了一套为 UGC 提供服务的业务机制与体系,通过足够的核心能力与资源禀赋,来撬动用户,从而形成口碑裂变。

课堂练习

本节课社交媒体营销技巧主要包括(　　)等方面。
A. 社交媒体营销　　　　　　B. 点击付费广告
C. 网红营销　　　　　　　　D. 互动营销技术

案例讨论

MI 闪购的数字营销

MI 闪购是专为购物中心打造的数字化营销平台。截至 2022 年 10 月已服务上线 300 余家购物中心,入驻商户超 3 万,平台月活跃用户数量超过 300 万,年增速 300%。目前已上线"小程序收银台",实现支付核销一体化和自动分账,真正意义上解决财务人工分账效率低的问题。联动企业微信导购助手,联合企微上下游功能,打造新一代商场客户关系管理私域运营体系。

传统的促销方案,玩法和手段丰富,但无法通过"数字化""线上化"做到活动效果可追踪、可复盘。MI 闪购数字化卡券结算对账简单,投资回报率可评估,用 MI 闪购小程序收银台自动核销,实时自动分账,解决了商户回款慢的痛点。MI 闪购助力企业开展"三人拼团""儿童业态满 99 元减 50""39.9 购 100""9.9 元秒杀套餐"等营销活动,引导顾客到店核销使用,带动线下客流。

基于互动营销宝,提升会员活跃度。传统硬广投放成本高,营销效果欠佳,用户不堪其扰。MI 闪购互动营销宝工具 6 大类游戏,超过 800 种玩法,助力保利商业以更高效的互动营销形式,增强会员活跃度和黏性。

增强运营协作服务,定期输出营销策略。区别传统的 SaaS 系统重系统、轻服务,MI 闪购关注实际的运营效果,结合节假日、重大营销活动节点,MI 闪购团队为商业团队输出深度营销方案建议。

MI 闪购系统上线 3 个月,会员注册转化率超 80%,会员增幅超 200%,销售额破 1000 万。2022 年的五一假期,MI 闪购利用小程序收银台核销工具,助力企业开展主题裂变营销、有价券团购、现金券秒杀等营销活动,小程序收银台交易订单量超两万,核销金额 68 万,新增会员数 5 000 以上,促进场内大型邻里生活超市对比 2021 年同期数据增长 30%。

请分析:
1. MI 闪购营销平台是如何帮助企业做数字营销的?
2. 通过此案例的分析,可以学习到哪些数字营销技术?

★★★★★　本章汇总　★★★★★

一、认识数字营销
(一)数字营销的内涵
1. 数字营销概念
2. 数字营销 4R 模式
① 人群画像分析

② 数字信息触达
③ 客户关系连接
④ 营销关系交易与回报
3. 数字营销特点
① 产品数字化
② 信息集成化
③ 业务在线化
④ 数据算法化
⑤ 营销智能化
(二) 数字营销的发展
1. 基于 Web 1.0 的单向营销
2. 基于 Web 2.0 的互动营销
3. 基于大数据的精准营销
4. 基于商业生态圈的生态圈营销
5. 基于人工智能的 AIGC 营销

二、数字营销技巧

(一) 数字营销技巧
1. 搜索引擎营销技巧
① 搜索引擎优化(SEO)
② 搜索引擎营销(SEM)
2. 网站营销技巧
① 网站设计和营销
② 展示广告
3. 社交媒体营销技巧
① 社交媒体营销
② 点击付费广告
③ 网红营销
4. 内容营销技巧
① 内容营销
② 电子邮件营销
③ 文本消息
④ 视频营销
⑤ 赞助内容
(二) 数字营销的变化和趋势
① 人工智能应用加速
② 结果导向的数字营销加速
③ 数字营销组织内部化
④ 基于大数据的营销智能化
⑤ 数字营销内容多元化

第十章 营销战略和营销管理过程

【学习目标】

通过本章内容的学习,能够熟悉和了解营销战略、营销管理过程的含义,能初步运用营销战略、营销管理过程的步骤和内容解决营销活动中的相关问题。

案例导引

伊利公司的战略与营销

伊利公司是我国内蒙古地区的一家上市公司。"伊利"早期专门生产牛奶,近几年开拓了经营范围,从牛奶向奶制品(如:冰激凌)方向发展,力争成为中国冰激凌第一品牌。伊利公司在占领内蒙古市场后,决定向北京发展。伊利首先分析了竞争对手"和路雪"和"雀巢"的状况,接着分析了北京市场的特点和市民消费特点,又分析了本公司的原料和成本优势,最终决定采用低价优质的市场战略。经过多年的角逐,"伊利"终于成为北京地区冰激凌的首选品牌。接着,伊利公司挥师南下,在上海继续与洋品牌和上海本土品牌较量。"伊利"还准备采取兼并形式在有关大城市开设工厂,就地生产与销售。

从该案例可以引出:
- 伊利公司的任务是什么?
- 伊利公司的目标是什么?
- 伊利公司的产品组合是什么?
- 伊利公司的市场定位是什么?
- 伊利公司怎样开展管理过程(如:分析市场机会、选择目标市场、设计营销组合等)?

本章可以帮助大家了解、掌握营销战略、营销管理过程等相应的知识。

第一节 营销战略

一、营销战略的含义

战略原来是一个军事术语,现在通常指一个组织针对事物有全局性、深远性影响的谋划。营销战略是指企业为实现自己的总任务和总目标所制定的长期性、全局性的营销规划。由此可见:营销战略的目的是实现企业的总任务和总目标,时间上是长期的,空间上是全局的,实质上是营销规划。

营销战略很重要,它决定了企业一个时期内的兴衰成败。例如,石油危机前,美、日两国的汽车公司采取了不同的企业战略规划:美国设计、生产大型、豪华、费油、高价的小汽车,而日本考虑到石油是不可再生资源,预测石油会大幅度涨价,因此规划设计和制造小型、经济、省油、廉价的小汽车。20 世纪 70 年代中期,正如日本所预计的那样,世界油价涨了近十倍,而日本的小型车在市场上大受欢迎,从此日本小汽车占领了欧美相当一部分主流市场。

> **要点警句**
> 营销战略决定了企业的兴衰成败。

二、营销战略的特点

营销战略具有五大特点,其中最主要的是空间上的整体性和时间上的深远性。

1. 整体性

营销战略是整个企业的战略,关系到企业的全局和企业的各个部门、各个环节、各个方面,因此是牵涉企业的整体性的战略。

2. 深远性

营销战略是企业的长期战略,关系到企业的过去、现在,特别是将来的发展,因此是与企业的长期发展有关的战略。

3. 稳定性

正因为营销战略是整体性、深远性的战略,因此决不能朝令夕改,它是非常稳定的战略,一般不轻易改变。

4. 导向性

战略对企业经营活动具有指导作用,规划了企业的发展方向,是对企业发展的一种导向。

5. 实践性

实践性有两层意思:一是战略来源于实践,二是企业营销战略的实现要靠实践。

三、营销战略的内容和步骤

营销战略的内容和步骤如图 10-1 所示。

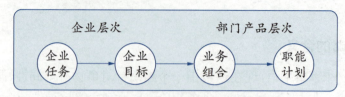

图 10-1 营销战略的内容和步骤

1. 规定企业任务

规定企业任务,即规定本企业经营的业务是什么。这是规划企业营销战略的首要问题,必须慎重对待。在制定企业任务时,企业应考虑以下几个要素:
① 顾客是哪些人?
② 顾客最需要的是什么?
③ 本企业的专长是什么?
④ 本企业将要经营的业务是什么?
⑤ 将来应向哪个方向发展?

企业的任务一般用书面形式确定下来,以便统一目标,协调企业内部各个方面的工作。任务书应该包括企业的经营宗旨、经营观念、经营范围和服务对象等内容。

任务书要符合以下原则。

(1) 需求性

这是指要以顾客需求作为出发点来表述企业任务,而不是用某一产品来表述。因为产品相对是短暂的,而顾客需求是长期的。例如,石油资源总有一天会枯竭,但人类对能源的需求却是永恒的,因而壳牌石油公司的任务表述为"满足人类的能源需要"。

(2) 可行性

这是指企业规定任务的范畴不可过宽,超出企业的能力,使人感到空洞;但也不能过窄,以免被时代淘汰,使职工丧失信心。例如,壳牌石油公司就没有把任务定为"满足人类的石油需要",是充分考虑到石油的不可再生性的结果。

(3) 鼓动性

这是指任务书必须能够激励员工的积极性,使员工对自己的工作抱有信心,从而为社会做出更大的贡献。

(4) 明确性

这是指任务书应该明确企业的战略方向和措施,使管理者、员工有章可循,明确自己的职责。

2. 确定企业目标

规定了企业任务后,就要把任务转化为企业每个管理层的具体目标,以便落实。该过程分为两步:其一是选择评价任务的标准,通常有投资报酬率、销售增长率、市场占有率等;其二是按照上述标准转化为预期结果,即企业目标,包括销售额(量)目标、利润目标、销售增长率目标、市场占有率目标、产品革新目标、顾客满意目标、企业声誉目标等。

企业诸目标应该具有以下特点。

(1) 层次化

这是指从纵向看,企业总目标是第一层次,各职能、各部门的目标是第二层次。从横向看,顾客满意是第一层次,销售、利润是第二层次。企业目标应层层分解,逐级落实,实行目标管理。

(2) 数量化

这是指企业目标应尽可能数量化,以便于大家掌握实现的进度,进行有效控制和调节。例如,"明年要使销售业绩有较大幅度增长"就没有"明年要使销售增长10%以上"来得明确。

(3) 现实化

这是指企业制定的目标应该是现实的,使管理者、员工经过努力可能达到,而决不是少数人拍脑袋的臆断。

(4) 协调化

这是指企业的各个目标应该协调一致,发现矛盾应及时协调。例如,客户的要货量、送货期经常和企业的生产量、交货期有矛盾,扩大销售规模经常和减少费用开支有矛盾。这些需要在规划和运行时及时协调,找到最合理的支点。

3. 安排业务或产品组合

在规定了企业任务、企业目标后,就要着手对业务组合进行分析和规划。完成这项工作要从两方面着手:一是利用相关工具分析企业现有的业务组合,二是根据分析结果制定增长战略。

(1) 分析现有业务产品组合

① 波士顿矩阵(BCG):由美国波士顿咨询公司发明,用"销售增长率—相对市场占有率矩阵"对产品或业务组合进行评价分析,如图10-2所示。

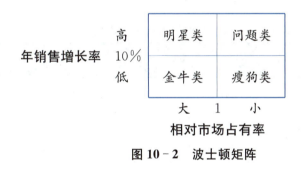

图10-2 波士顿矩阵

矩阵中的横坐标为相对市场占有率,它是指本企业产品销量与最大竞争对手销量之比,一般以1为分界线,左大右小;纵坐标为年销售增长率,一般以10%为界,上高下低。这样就可把企业的业务、产品分为四类,见表10-1。

表10-1 按波士顿矩阵划分企业的业务、产品

项 目	相对市场占有率	销售增长率	发展趋势	企业对策
明星类	高	高	金牛类	积极发展
金牛类	高	低	瘦狗类	尽量维持
问题类	低	高	明星类、瘦狗类	选择发展
瘦狗类	低	低	—	收割撤退

② 通用矩阵(GE)：由美国通用电气公司创建，横坐标是企业竞争能力，分为强、中、弱，纵坐标是市场吸引力，分为高、中、低。通用矩阵以波士顿矩阵为基础，只不过层次划得更细，如果说波士顿矩阵是2×2，通用矩阵则是3×3如图10-3所示。

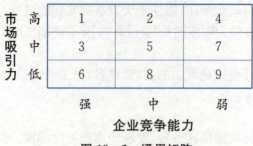

图10-3 通用矩阵

图中有九个象限。第1象限是市场吸引力和企业竞争能力俱佳，第9象限则是两者皆差，而第5象限均为中档，其余类推。企业把自己的业务、产品在九个象限中一一排定，再进行评判。如果是第1、2、3象限，一般采取发展战略；如果是第4、5、6象限，一般采取维持战略；如果是第7、8、9象限，一般采取收缩、放弃战略。

(2) 制定企业增长战略

为了保持长期稳定的发展，企业不仅要对现有的业务进行分析、评价，逐步淘汰不能为企业创造价值的业务，而且要大力发展新的业务，实现新的业务组合。根据新业务与企业现有业务之间的关系，可以将企业的新业务发展战略分为密集型增长、一体化增长和多角化增长三大类，见表10-2。

表10-2 企业的新业务发展战略

密集型增长	一体化增长	多角化增长
市场渗透	后向一体化	同心多角化
市场开发	前向一体化	水平多角化
产品开发	水平一体化	综合多角化

1) 密集型增长战略

密集型增长战略是指企业利用现有业务内的市场机会寻求增长和发展的一种战略。可以进一步将这一战略划分为以下三种：

① 市场渗透战略：指企业利用现有产品，在现有市场基础上扩大产品销售量的战略。市场渗透战略可以通过促销、降价等措施实施，以促使现有的顾客更多地购买产品，吸引购买竞争者产品的顾客选择本企业的产品，或刺激没有使用过本产品的顾客加入到购买产品的消费群体中。

② 市场开发战略：指企业将现有的产品推向新市场，以扩大产品销售量的战略。市场开发战略可以通过扩大或转移市场区域，或通过找到产品的新使用领域等形式实现。

③ 产品开发战略：指企业开发新产品以满足现有市场需求的战略。产品开发战略可以通过对老产品的更新换代，或增加产品品种，对产品的特色、外观等进行改变等方式实现，以更好地满足现有市场顾客的需求。例如，伊利公司从专门生产牛奶发展到同时还生产冰激

凌就是一种产品开发。

以上三种战略其实就是产品、市场的组合,产品分为现有产品和新产品,市场分为现有市场和新市场,这样就产生四种组合,分别为市场渗透、市场开发、产品开发和多角化,见表10－3。其中多角化另有专门论述。

表 10－3　密集型增长战略

市场＼产品	现有产品	新产品
现有市场	市场渗透	产品开发
新市场	市场开发	多角化

2) 一体化增长战略

一体化增长战略是指企业利用与现有业务有直接联系的市场机会寻求发展的一种战略。与企业现有业务有直接联系的有供应商、销售商和竞争者三个方面,由此,一体化增长战略还可以划分为以下三种:

① 后向一体化战略:指企业向其供应商系统发展,实现供产一体化的战略。企业实施这一战略,一方面可以利用其供应商系统出现的市场机会,另一方面可以有效避免供应商系统对企业经营的制约。

② 前向一体化战略:指企业向其销售商系统发展,实现产销一体化的战略。如果企业的销售商系统具有企业可以利用的市场机会,或销售商系统对企业的发展构成制约,企业就可以通过实施这一战略,确保企业发展。

③ 水平一体化战略:指企业向其竞争者系统发展,实现对竞争控制的战略。企业实施这一战略,可以通过兼并、新建或扩建同类企业,达到提高企业竞争地位的目的。本章开篇案例中的伊利公司准备在几个大城市兼并同行,就地生产和销售,就是一体化增长战略中的水平一体化战略。

三种一体化战略可以同时实行,比如沱牌曲酒公司的一体化战略,如图10－4所示。

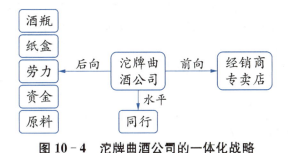

图 10－4　沱牌曲酒公司的一体化战略

3) 多角化增长战略

多角化增长战略是指企业利用现有业务范围以外的领域出现的市场机会寻求发展的一种增长战略。根据企业现有资源的利用情况,多角化增长战略可以划分为以下三种:

① 同心多角化战略:指企业利用现有的技术或营销资源,开发新业务的战略。这种战略

有利于充分发挥企业现有资源优势。

② 水平多角化战略:指企业使用新的技术,在现有的市场上开发新业务的战略。这种战略主要着眼于利用与现有市场有关的机会。

③ 综合多角化战略:指企业向现有技术、产品和市场无关的方向拓展业务的战略。这种战略要慎用。

以上三种战略与现有技术、现有市场是否相关,大致可以归纳见表 10-4。

表 10-4 多角化增长战略

多角化增长战略	现有技术	现有市场
同心多角化战略	相关	无关
水平多角化战略	无关	相关
综合多角化战略	无关	无关

从密集型增长到多角化增长,企业发展的业务与现有业务的关系越来越远,这就意味着要向这些业务领域拓展,需要补充的资源条件也就越来越多。因此,在制定新业务战略计划时,企业首先应该考虑利用密集型增长的机会,当密集型增长的机会不能满足企业发展目标的要求时,再依次考虑采取一体化增长、多角化增长战略。无论选择哪种增长战略,企业都必须辨明可利用的发展机会,同时也要考虑企业所拥有的资源。尤其在考虑多角化增长战略时,首先应考虑同心多角化和水平多角化战略,对综合多角化战略尤其要慎重。因为综合多角化战略远离企业现有的技术和市场,经验成本大大提高。实践证明,综合多角化成功的案例很少。因此经济学家告诫企业家:防止跌入多元化的陷阱。

趣味讨论

生产坦克车的兵工厂转为生产民用产品,应向什么方向发展?

4. 制定职能计划

营销战略规定了企业的发展方向,并为每一个部门、产品确定了未来的目标。各业务单位为了实现企业的任务和目标,应该制定各项具体的职能计划,如:营销计划、财务计划、生产计划、人事计划等。本书只研究营销计划。在制定营销计划时要注意两点:一是要突出营销职能在企业各职能管理中的主要地位和作用;二是要协调好营销职能与其他职能之间的关系。

以上四大内容和步骤是完整的程序,是统一的整体,从属于一个营销战略管理过程,不可将其中的内容和步骤孤立地看待。

课堂练习

企业层次战略的内容是( )。
A. 职能计划   B. 任务、目标、业务组合   C. 制定企业增长战略

> **案例讨论**
>
> **"双汇"和"春都"**
>
> 双汇集团和春都集团的前身分别是漯河肉联厂和洛阳肉联厂,都是始建于1958年,又都是1984年由省管下放到地方的,可在当时,两家企业的情况却有着天壤之别。
>
> 春都集团的前身洛阳肉联厂,1984年资产总额是2 000万元,当年实现利税200万元。中国第一根"春都"牌火腿肠在这里诞生,并迅速受到市场青睐,年创利润2亿多元。
>
> 双汇集团的前身漯河肉联厂在1984年河南省国有肉联厂中排名倒数第一,资产总额仅468万元,企业累计亏损534万元。但是二十几年过去,两家企业的情况却颠倒了过来。
>
> "春都"的经营者在胜利面前头脑发热,走向了综合多角化之路,兼并了洛阳当地制革厂、饮料厂、药厂、木材厂等一大堆负债累累、与肉食加工毫不相干的亏损企业。后来,这17家兼并和收购的企业中,半数以上亏损,近半数关门停产,"春都"对20多家企业参股和控股的巨大投资也有去无回。
>
> "春都"发家于火腿肠,但这一看家本领却被忽略了。在人才、技术、设备上有着明显优势、对企业至关重要的屠宰工序,被"春都"淘汰给了原料供应商们,主营业务大幅萎缩。为在价格竞争中取胜,"春都"竟然通过降低产品质量来降低生产成本,火腿肠的含肉量一度从85%降到15%,市场占有率从最高时的70%狂跌到不足10%。
>
> 而"双汇"多年来"咬定青山不放松",始终围绕"农"字做文章,把肉类加工项目不断做精、做深、做强。如今,"双汇"通过一体化发展,形成了饲料加工、化工、包装、印刷、制药、调味制品、物流配送等复合互补性产业结构,降低了成本,拉长、加宽了产业链,提高了综合效益。
>
> "双汇"决策层坚持"用大工业代替小作坊"的思路,把主业做大做强。从冷鲜肉到火腿肠,从低温肉制品到腌腊制品、调味制品、速冻制品、方便汤料,由生到熟、由粗到细,看似一块小小的猪肉,就是在这不断的变化中得到了增值,市场也是在这个过程中不断细分、做大。2003年,"双汇"产销超百亿元,一举成为中国最大的肉类加工企业。
>
> 请回答:
> 1. "双汇"和"春都"在发展过程中分别采取了何种战略?
> 2. 你认为"双汇"和"春都"分别应采取何种战略?为什么?

第二节 营销管理过程

一、营销管理过程的含义

营销管理过程是指企业识别、分析、选择和发掘市场营销机会,以实现其战略任务目标的管理过程,即企业与其最佳的市场机会相适应的过程。企业的成功与否,取决于企业的内部条件与不断变化的外部营销环境相适应的程度。营销管理过程就是使企业内部条件适应外部环境变化,并从中找出最佳的结合点。

> **要点警句**
> 营销管理过程是企业与其最佳的市场机会相适应的过程。

二、营销管理的步骤

1. 分析市场机会

分析市场机会是企业营销管理人员的主要任务,也是企业营销管理人员实施营销管理过程的首要步骤。

在现代社会化大生产和市场经济条件下,由于市场需求不断变化,多数产品都有其生命周期,因此没有一个企业能永远依靠其现有产品过日子,所以每一个企业都必须采取种种方法,经常寻找、发现或识别新的市场机会。市场机会是指市场上未满足的需要,即做生意赚钱的机会。那么,企业如何寻找、发现或识别新的市场机会呢?应当看到,哪里有"未满足的需要",哪里就存在市场机会。事实上,在任何社会经济制度下,市场上都经常存在着一些"未满足的需要",因此就存在着一些市场机会。例如,我国一些城市近几年常住人口和流动人口迅速增加,市政建设虽然发展很快,但住房、公共交通工具、中小学、托儿所、商业服务网点等仍然配套不足,给人们的生活带来了诸多不便,这里就存在着许多"未满足的需求"和市场机会,有许多生意可做。

企业的市场营销管理人员不仅要善于寻找、发现或识别有吸引力的市场机会,而且还要善于对所发现的各种市场机会加以分析评价,看看哪些市场机会能成为企业有利可图的"企业机会"。企业机会是指对企业营销活动具有吸引力的、能享有竞争优势和获得差别利益的市场机会。应当看到,某种有吸引力的市场机会(如:经营通信设备、空调、室内装饰等)不一定能成为某一个企业的"企业机会",这是因为某种市场机会能否成为一个企业的"企业机会",不仅要看利用这种市场机会是否与该企业的任务和目标一致,而且取决于该企业是否具备利用这种机会、经营这项事业的条件,取决于该企业是否在利用这种机会、经营这项事业上比其潜在的竞争者有更大的优势,因而能享有最大的"差别利益"。

企业的市场营销管理人员还要对每个有吸引力的"企业机会"进行评价。也就是说,要调查研究:谁购买这些产品,他们愿意花多少钱买,他们要买多少,顾客在何处,谁是竞争对手,需要什么分销渠道等等,通过调查研究这些问题来估计每个"企业机会"的销售潜量。为了调查研究这些问题,企业的市场营销管理人员要分析研究市场营销环境、消费者市场、生产者市场、转卖者市场、社会集团市场,进行市场信息分析、市场测量和预测工作,以决定企业应当生产经营哪些新产品,决定企业应当以哪个或哪些市场作为企业的目标市场。

> **趣味讨论**
> 大型钢铁公司看到盒饭市场上有很大的市场机会,要不要抓住这个市场机会呢?为什么?

2. 进行市场细分，选择目标市场

企业的市场营销管理人员在发现和选择了有吸引力的企业机会之后，还要对市场作进一步细分，并在此基础上选择目标市场。由于任何产品的市场都有许多顾客群，他们有不同的需要，而且分散在不同地区。因此，一般地说，任何企业（即便是大公司）都不可能很好地满足所有顾客群的不同需要。为了提高企业的经营效益，企业必须对市场进行细分，并在此基础上，根据自己的任务、目标、资源和特长等等权衡利弊，决定进入哪个或哪些市场，为哪个或哪些市场服务，选择目标市场。例如，伊利公司分析了冷饮市场机会，结合自己的专长，又把市场机会转为企业机会，并细分了冰激凌市场，专攻北京这一目标市场，取得了很大的成功。

3. 运用市场营销组合，决定市场营销预算

企业市场营销管理人员在营销管理过程中采取适当的方法对市场进行细分，并在此基础上选择好目标市场后，就要运用市场营销组合为企业占领目标市场服务，并决定整个市场营销的开支和分配。

企业开展市场营销活动的过程，其实就是企业适应外部环境变化，并对变化着的外部环境做出反应的动态过程。因此，这里所说的市场营销组合实际上就是企业对自己可以控制的各种因素的综合运用。这些可控因素可概括为产品、渠道、价格和促销。运用市场营销组合就意味着企业应将自己可以控制的因素（如：产品、价格、渠道、促销）进行最佳组合，使其相互协调，综合地发挥出尽可能大的作用。而运用营销组合策略又是与市场营销决策相关联的，因为任何经济行为在实施中都需要费用。这就需要决定：第一，将多少资金用于市场营销工作；第二，如何在各个市场营销组合工具之间合理分配市场营销预算。只有这样，才能使企业市场营销组合的各种手段协调地、综合地发挥出尽可能大的作用。

4. 执行和控制市场营销计划

任何经济决策和计划，只有在它们被有效地实施之后，才能取得成效。因此，执行和控制市场营销计划是整个市场营销管理过程中的一个关键性的、极其重要的步骤。因为企业营销管理人员制定市场营销计划不是纸上谈兵，而是为了指导企业的市场营销活动，为了执行好市场营销计划，实现企业的战略任务和目标。因此，企业在制订市场营销计划之后，还得花大力气执行和控制市场营销计划。

企业要贯彻执行市场营销计划，有效地进行各种市场营销工作，就必须制定详细的行动方案，建立合理有效的组织机构，设计相应的决策、报酬制度，合理配备资源，建立适当的企业文化、管理风格。为了执行计划，企业营销管理人员还要把计划任务落实到人，做到"事事有人管、人人有专责"，以保证计划贯彻执行。

市场营销控制包括年度计划控制、盈利能力控制和战略控制。首先，在年度计划控制中，各级主管都要认真检查是否完成年度计划规定的销售、利润等指标。其次，企业市场营销人员还要定期分析检查各种产品、各种渠道、各个区域的实际盈利能力。最后，还应看到，由于市场营销环境的迅速变化，企业原先制订的战略很可能不久就会过时，所以，企业最高领导层还要进行"战略控制"，经常检查现定战略是否与外界环境的发展变化相适应。

课堂练习

对企业营销活动具有吸引力的、能享有竞争优势和获得差别利益的机会是（　　）。
A．环境机会　　　　B．市场机会　　　　C．企业机会

***** 本章汇总 *****

一、营销战略

1. 营销战略的含义

① 含义：指企业为实现自己的总任务和总目标所制定的长期性、全局性的营销规划。

② 特点：整体性、深远性、稳定性、导向性、实践性。

2. 营销战略的内容和步骤

包括规定企业任务、确定企业目标、安排业务或产品组合、制定职能计划等。

二、营销管理过程

1. 营销管理过程的含义

营销管理过程是指企业识别、分析、选择和发掘市场营销机会，以实现其战略任务目标的管理过程。

2. 营销管理的步骤

① 分析市场机会。市场机会是指市场上未满足的需要，即做生意赚钱的机会。企业机会是指对企业营销活动具有吸引力的、能享有竞争优势和获得差别利益的市场机会。

② 进行市场细分，选择目标市场。

③ 运用市场营销组合，决定市场营销预算。

④ 执行和控制市场营销计划。